CW01645262

AFFRESCO ITALIANO C2

Corso di lingua italiana per stranieri

GUIDA PER IL DOCENTE

Maurizio Trifone
Antonella Filippone
Andreina Sgaglione

LE MONNIER

© 2011 by Mondadori Education S.p.A., Milano
Tutti i diritti riservati

www.mondadorieducation.it

Prima edizione: luglio 2011

Edizioni

10 9	8 7	6 5	4 3	2 1
2015	2014	2013	2012	2011

Questo volume è stampato da:
Linea Grafica - Città di Castello (Perugia)
Stampato in Italia - Printed in Italy

Il Sistema Qualità di Mondadori Education S.p.A. è certificato da Bureau Veritas Italia S.p.A. secondo la Norma UNI EN ISO 9001:2008 per le attività di: progettazione, realizzazione di testi scolastici e universitari, strumenti didattici multimediali e dizionari.

Le fotocopie per uso personale del lettore possono essere effettuate nei limiti del 15% di ciascun volume/fascicolo di periodico dietro pagamento alla SIAE del compenso previsto dall'art. 68, commi 4 e 5, della legge 22 aprile 1941 n. 633. Le riproduzioni diverse da quelle sopraindicate (per uso non personale – *cioè, a titolo esemplificativo, commerciale, economico o professionale* – e/o oltre il limite del 15%) potranno avvenire solo a seguito di specifica autorizzazione rilasciata da AIDRO, Corso di Porta Romana 108, Milano 20122, e-mail segreteria@aidro.org e sito web www.aidro.org.

Redazione	Chiara Renzullo
Impaginazione	Anna Gangale
Progetto grafico	Cristina Rainoldi, Raffaella Curci
Copertina	Cristina Rainoldi, Cinzia Barchielli
Ricerca iconografica	Margherita Trotta
In copertina	Giacomo Balla, *Forme Grido Viva l'Italia*, 1915, Roma, Galleria d'Arte Moderna

Per eventuali e comunque non volute omissioni e per gli aventi diritto tutelati dalla legge, l'editore dichiara la piena disponibilità.

Per informazioni e segnalazioni:
Servizio Clienti Mondadori Education
e-mail *servizioclienti.edu@mondadorieducation.it*
numero verde **800 123 931**

INDICE

Presentazione

1 Principi generali

Nel campo dell'attività di insegnamento della lingua italiana a stranieri si è avuto negli ultimi anni un profondo cambiamento dell'assetto didattico, che poggia le proprie basi sui principi informatori del *Quadro comune europeo di riferimento per le lingue* (*Common European Framework of Reference for Languages*). Questo importante strumento propone una suddivisione della competenza linguistica in sei livelli: A1, A2, B1, B2, C1, C2.
La scala dei sei livelli si ricollega alla tripartizione dei profili degli apprendenti in:
A. **utente basico** (*Basic User*);
B. **utente indipendente** (*Indipendent User*);
C. **utente competente** (*Proficient User*).

Per l'**utente basico** si prevedono due corsi distinti:
Livello A1 (*livello di contatto / Breakthrough / Le Niveau introductif ou découverte*), diretto ai principianti assoluti che non hanno mai avuto contatti con la lingua italiana e quindi non ne conoscono la fonologia, la grammatica, il lessico di base. Questo livello introduttivo è particolarmente indicato per quei discenti che provengono da famiglie linguistiche distanti dall'italiano, caratterizzate da una scrittura non alfabetica, ma è consigliabile anche per altre tipologie di studenti (per es. quelli statunitensi). Si tratta dunque, per quanto concerne gli stadi di acquisizione dell'italiano L2, di varietà pre-basiche e di varietà basiche iniziali. Alla fine del corso lo studente dovrà essere in grado di: comprendere e utilizzare espressioni di uso quotidiano e formule molto comuni tendenti a soddisfare bisogni di carattere concreto; presentare sé stesso/a e gli altri; fare domande su dati personali e rispondere a domande analoghe (il luogo dove abita, le persone che conosce, le cose che possiede); dialogare in modo semplice purché l'interlocutore parli lentamente e chiaramente e sia disposto a collaborare.

Livello A2 (*livello di sopravvivenza / Waystage / Le Niveau intermédiaire ou de survie*), diretto ai cosiddetti falsi principianti che hanno avuto contatti occasionali con la lingua italiana e ne conoscono i suoni distintivi e alcuni vocaboli di base. Alla fine del corso lo studente dovrà essere in grado di: comprendere frasi ed espressioni di uso frequente relative ad ambiti di immediata rilevanza (per es. informazioni di base sulla persona e sulla famiglia, acquisti, geografia locale, lavoro); comunicare in attività semplici e di routine che richiedono solo scambi di informazioni elementari su argomenti familiari e abituali; descrivere con parole semplici aspetti della propria esperienza personale e del proprio ambiente; esprimere bisogni immediati.

Per l'**utente indipendente** si prevedono due successivi corsi:
Livello B1 (*livello soglia / Threshold Level / Le Niveau seuil*), diretto a studenti che dovranno raggiungere una relativa autonomia linguistica. Alla fine del corso lo studente dovrà essere in grado di: comprendere i punti essenziali di messaggi in lingua standard su argomenti familiari; cavarsela nella maggioranza delle situazioni che possono presentarsi mentre viaggia in luoghi dove si parla l'italiano; produrre testi semplici e coerenti su argomenti che gli siano familiari o siano di suo interesse; descrivere esperienze, avvenimenti, sogni, speranze, ambizioni; spiegare brevemente le ragioni delle sue opinioni e dei suoi progetti.

Livello B2 (*livello di progresso / Vantage / Le Niveau avancé ou utilisateur indépendant*), diretto a studenti che dovranno raggiungere uno stadio di autonomia linguistica più elevato rispetto al livello precedente. Alla fine del corso lo studente dovrà essere in grado di: comprendere le idee fondamentali di testi complessi su argomenti sia concreti sia astratti, inclusi testi tecnici relativi al proprio settore di specializzazione; interagire con i parlanti nativi con una certa scioltezza e spontaneità, senza eccessiva fatica per l'interlocutore; produrre testi chiari e articolati su un'ampia gamma di temi; esprimere un'opinione su un argomento di attualità, esponendo gli aspetti positivi e negativi delle diverse opzioni.

Per l'**utente competente** si prevedono due ulteriori corsi:
Livello C1 (*livello di efficacia / Effective Operational Proficiency / Le Niveau autonome ou de compétence opérationnelle effective*), diretto a studenti che dovranno raggiungere uno stadio avanzato di conoscenza della lingua, adeguato per affrontare compiti complessi di studio e di lavoro. Alla fine del corso lo studente dovrà essere in grado di: comprendere un'ampia gamma di testi complessi e piuttosto lunghi; esprimersi in modo scorrevole e spontaneo, senza un eccessivo sforzo per cercare le parole; usare la lingua in modo flessibile ed efficace per scopi sociali, professionali e accademici; produrre testi chiari, ben strutturati e articolati su argomenti complessi, mostrando un sicuro controllo delle strutture discorsive, dei connettivi e dei meccanismi di coesione.

Livello C2 (*livello di padronanza / Mastery / La Maîtrise*), diretto a studenti esperti che mirino a padroneggiare tutte le varietà della lingua sul piano sia della comunicazione scritta sia di quella orale. Si può considerare un corso di perfezionamento linguistico particolarmente indicato per i docenti stranieri d'italiano che hanno anche l'obiettivo di raggiungere un grado più avanzato di competenza interculturale. Alla fine del corso lo studente dovrà essere in grado di: comprendere con facilità pressoché tutto ciò che sente o legge; riassumere informazioni provenienti da diverse fonti sia orali sia scritte, riorganizzando gli argomenti in un testo coerente; esprimersi con spontaneità, in modo molto scorrevole e preciso; rendere distintamente sottili sfumature di significato anche in situazioni piuttosto complesse.

In sostanza l'articolazione in sei livelli rappresenta un'evoluzione della classica suddivisione in livello elementare, livello intermedio e livello avanzato. Si può pertanto costruire uno schema in cui la ripartizione tradizionale in tre livelli generali convive con quella più moderna in sei livelli specifici:

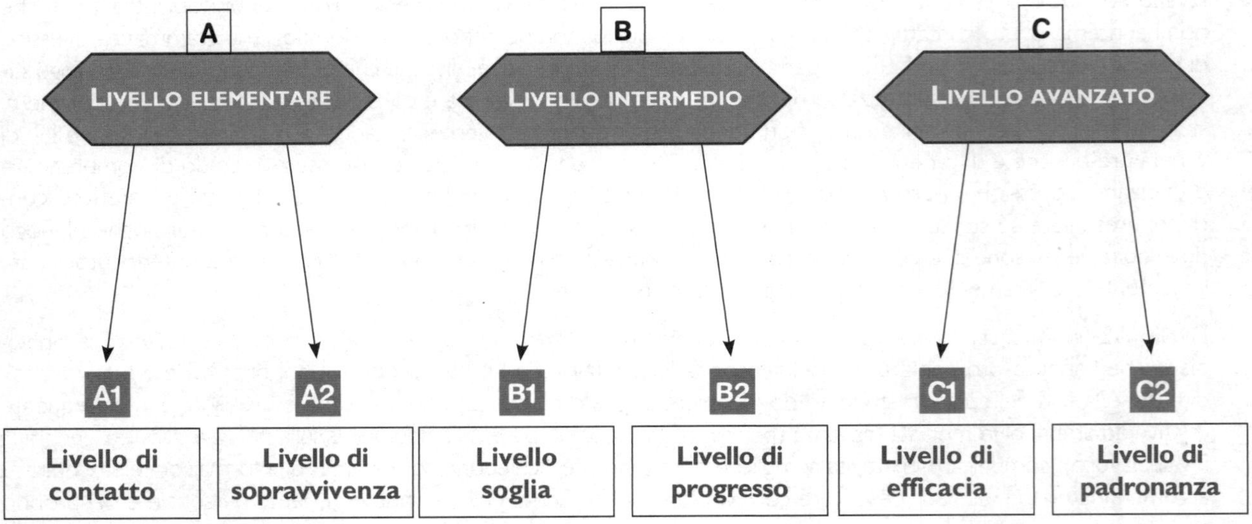

2 Caratteristiche del Corso

Affresco italiano si articola in sei livelli corrispondenti a quelli delineati dal *Quadro comune europeo di riferimento per le lingue*. Ogni livello prevede: un manuale, completo di tutte le attività; uno o due CD con la registrazione degli ascolti (limitatamente ai primi quattro livelli); una guida per l'insegnante con la descrizione delle attività, le soluzioni e molti suggerimenti per il docente.

Le scelte metodologiche alla base dell'opera tengono conto degli approcci glottodidattici più sperimentati (da quello comunicativo a quello interculturale e lessicale, da quello situazionale a quello nozional-funzionale) e tendono a porre sempre lo studente e i suoi bisogni linguistici e culturali al centro del processo di apprendimento. Il ruolo dell'insegnante, all'interno di tale processo, è quello di un "facilitatore", in grado di utilizzare il Corso come una risorsa a disposizione dell'apprendente e non come un paradigma indiscutibile: ogni fase dell'apprendimento linguistico guidato deve infatti essere mediata, seguita e sorretta dall'abilità del docente, il quale sceglie quei testi e quelle attività via via più adatti al profilo dei propri allievi, nell'intento di rinnovare e sostenere sempre la motivazione dei discenti.

Il sesto volume del Corso è indirizzato a studenti di livello C2, cioè ad apprendenti avanzati che hanno come obiettivo quello di comprendere praticamente tutto ciò che leggono e ascoltano, di scrivere testi coerenti in cui compaiono argomentazioni e informazioni tratte da varie fonti, di esprimersi in modo coerente, scorrevole e preciso, distinguendo le sfumature di significato in situazioni complesse. Alla fine del corso gli studenti dovranno essere in grado di capire, analizzare e rielaborare testi teorici concettualmente e linguisticamente articolati (quali manuali, articoli specialistici, opere letterarie, saggi professionali) e dovranno raggiungere un grado di competenza linguistica e interculturale appropriato per uno straniero che voglia insegnare l'italiano, fare il traduttore, operare come professionista usando la lingua italiana.

Il manuale può essere utilizzato in corsi che hanno lo scopo di approfondire lo studio della lingua italiana oltre il livello C1, in corsi di aggiornamento professionale rivolti a docenti stranieri d'italiano, in corsi di formazione per futuri docenti di italiano come lingua straniera. Il volume, utile sia all'insegnante che allo studente, stimola la riflessione da un lato sulle differenze fra la norma e l'uso della lingua italiana di oggi e, dall'altro, sul modello di lingua da proporre in contesto didattico.

Il libro è strutturato in cinque unità incentrate su temi linguistici e culturali che riguardano le varietà della lingua, le caratteristiche dell'italiano standard e del neostandard, i dubbi linguistici e gli errori prodotti da parlanti italiani e stranieri, le tipologie testuali, la lingua della poesia. La scelta di tali temi è legata all'esigenza di fornire un quadro complessivo delle competenze linguistiche imprescindibili per coloro che opereranno professionalmente nel campo della lingua italiana: gli apprendenti potranno in seguito approfondire autonomamente il percorso di studio tracciato.

Le unità presentano una serie di testi, costituiti da materiale autentico, corredati da varie attività di analisi e di ampliamento. All'interno di ogni unità sono previste soltanto due rubriche, **Lettura** e **Attività**: i brani di lettura introducono gli argomenti che saranno poi oggetto di esercizi di approfondimento in un flusso didattico continuo.

Le attività servono ad esaminare a fondo i contenuti dei testi e ad allargare le tematiche proposte secondo diversi punti di vista: si chiede agli apprendenti di esercitarsi nella comprensione e rielaborazione testuale, di prestare attenzione al lessico attraverso la spiegazione di parole o espressioni, di parafrasare brani piuttosto complessi, di reperire informazioni e di esporle oralmente in maniera ampia e ordinata, di riconoscere e analizzare i fenomeni linguistici, di trasformare i testi dal codice orale a quello scritto, di esercitarsi nella produzione scritta su temi specifici, di analizzare testi letterari e di individuarne le caratteristiche principali. Le attività si concludono generalmente con la lettura di un brano su cui gli studenti dovranno provare a costruire degli esercizi da utilizzare in un eventuale contesto didattico: quest'ultima prova, particolarmente impegnativa, induce gli studenti a riflettere in maniera produttiva e in un'ottica applicativa su quanto studiato.

Al termine di ogni unità una sezione dal titolo **Riepiloghiamo** elenca gli argomenti principali affrontati, mentre la successiva sezione **Approfondiamo** offre una bibliografia per sviluppare ulteriormente i singoli temi trattati e, inoltre, suggerisce una serie di opere (letterarie, musicali, cinematografiche) per ampliare le proprie conoscenze in quel particolare ambito.

Dopo le cinque unità il volume presenta altrettante **Verifiche**, una per ciascuna unità. Ogni verifica si compone di quattro attività e assegna complessivamente quaranta punti: lo studente deve svolgere esercizi specifici sui fenomeni linguistici e testuali analizzati nell'unità, controllando, in modo autonomo o sotto la guida dall'insegnante, i propri progressi.

Il volume si chiude con la sezione **Dubbi linguistici**, che prosegue il percorso iniziato nel livello C1: la rubrica affronta alcuni punti critici dell'italiano e chiarisce molti interrogativi sull'uso della preposizione e del verbo, dopo che nel livello C1 ci si era soffermati sui problemi relativi all'uso dell'articolo, del nome, dell'aggettivo, del pronome e dell'avverbio. La parte dei dubbi linguistici dà vita a un percorso autonomo, che affianca e integra gli argomenti linguistici esaminati nel manuale, sollecitando una riflessione attiva su diversi aspetti del sistema linguistico italiano.

Nelle pagine dei sei volumi del Corso abbiamo cercato di dipingere un affresco della variegata e complessa realtà linguistica dell'Italia e degli italiani di oggi. Da questo affresco traspare l'immagine di un Paese di grande cultura, di forte richiamo turistico e di notevole rilevanza economica: un Paese nel quale l'italiano ha modificato i suoi connotati di lingua elitaria e si è aperto a nuove prospettive di utilizzazione collegate al mondo del lavoro nell'ambito internazionale.

Unità 1

L'italiano: una lingua, molte lingue

pag. 2

Lettura pag. 3-7

Le trasformazioni della situazione linguistica italiana negli ultimi decenni

Argomento: il testo descrive i cambiamenti avvenuti nella lingua italiana nella seconda metà del Novecento.

Suggerimenti: l'insegnante può anticipare alcuni concetti importanti legati al tema dell'unità: la diffusione dell'italiano parlato, i maggiori centri di diffusione dell'italiano, il rapporto fra lingua e dialetto, ecc.

Attività pag. 7-10

1 **Descrizione attività:** gli studenti indicano quale delle due frasi riassume meglio il contenuto del brano letto.

Risposta:

La frase n. 2.

2 **Descrizione attività:** gli studenti rispondono alle domande basandosi sulle informazioni lette nel brano iniziale.

Risposte:

1. Fino alla metà dell'Ottocento l'italiano è stato prevalentemente una lingua scritta.
2. Le zone d'Italia in cui c'era una maggiore vicinanza tra lingua parlata e lingua scritta erano l'area fiorentina e la città di Roma.
3. A Venezia e Napoli i dialetti erano usati anche nelle opere scritte di teatro e di poesia.
4. Nel 1861, al momento dell'unificazione politica dell'Italia, la percentuale delle persone che usavano l'italiano sia scrivendo sia parlando era inferiore al 10%: secondo alcuni era il 2,5%, secondo altri si aggirava intorno all'8-10%.
5. A differenza di altre nazioni, l'Italia non poteva contare su una capitale in grado di assumere un ruolo predominante da un punto di vista linguistico, culturale, economico e politico.
6. Roma contende il primato a Firenze e Milano per prestigio linguistico, a Napoli per rilevanza demografica, a Milano, Torino e Genova per importanza economico-finanziaria.
7. I principali fattori che hanno determinato nella seconda metà del Novecento il cambiamento della situazione linguistica italiana sono: le migrazioni interne; la crescita dei livelli di istruzione; la fortuna della televisione.
8. Le migrazioni interne degli anni Cinquanta e Sessanta del Novecento sono dovute principalmente alle cattive condizioni di vita nelle campagne del Sud e al bisogno di manodopera delle aree industrializzate del Nord-Ovest: milioni di persone si sono spostati dalle regioni dell'Italia meridionale e dal Veneto verso i grandi centri urbani industriali del Nord-Ovest.
9. Lo spostamento dal Sud e dal Veneto verso il Nord-Ovest ha costretto gli immigrati a limitare l'uso del dialetto per poter comunicare con i residenti; d'altra parte, anche i residenti hanno dovuto cercare un terreno di intesa linguistica con i nuovi arrivati. Il risultato è stato un indebolimento progressivo del dialetto.
10. Negli anni Sessanta del Novecento, più della metà dei giovani italiani non riusciva a conseguire il diploma di scuola media inferiore e a completare così l'obbligo scolastico.
11. A differenza degli altri due fattori di italianizzazione (le migrazioni interne e la scuola), che hanno agito in maniera diversa nelle varie aree del Paese, la televisione ha raggiunto in modo pressoché omogeneo tutta la popolazione italiana, portando milioni di persone a contatto con l'uso parlato della lingua in molte sue varietà.
12. La percentuale di coloro che dichiarano di non usare mai l'italiano, nemmeno nelle relazioni con estranei e in pubblico, si concentra soprattutto nelle regioni del Nord- Est e del Sud estremo.
13. La percentuale di coloro che dichiarano di usare abitualmente solo l'italiano si concentra soprattutto in Toscana, a Roma, a Milano e nelle maggiori città del Paese.
14. Coloro che dichiarano di usare a seconda delle circostanze l'italiano e il dialetto parlano l'italiano per lo più fuori di casa, con persone non conosciute, e anche in casa rivolgendosi ai bambini, mentre parlano il dialetto specialmente in casa e conversando con gli anziani.

3 **Descrizione attività:** gli studenti rileggono il testo e lo suddividono in paragrafi, dando un titolo a ciascuno dei paragrafi individuati; poi scrivono un riassunto del testo di circa 300 parole.

4 **Descrizione attività:** gli studenti parafrasano le parti di testo selezionate e in particolare riscrivono con parole proprie le espressioni sottolineate.

Risposte
(si suggeriscono alcune possibili soluzioni):

1. Se vogliamo esprimerci con una certa enfasi, si può affermare che la lingua italiana è diventata quella che Ugo Foscolo, alla fine del Settecento, e Alessandro Manzoni, nel primo Ottocento, sognavano che un domani sarebbe diventata: una lingua veramente parlata da tutti, non soltanto scritta e letta; una lingua, come diceva il Manzoni, "viva e vera".
2. il cambiamento verificatosi in poco più di un trentennio ha reso la lingua italiana simile alle altre lingue europee: l'italiano è oggi non soltanto la lingua ufficiale dello Stato e dell'amministrazione, non soltanto una lingua scritta e letta [...], ma anche la lingua parlata dalla quasi totalità della popolazione italiana, tanto in ogni circostanza della vita pubblica quanto nella vita quotidiana e nelle situazioni più private o comuni e banali.
3. A Firenze e nelle altre città della Toscana e nelle zone vicine l'italiano non era soltanto scritto e letto, ma anche parlato: l'italiano era nato qui, perché in questa zona Dante, Boccaccio e Petrarca avevano stabilito nelle loro opere d'arte le caratteristiche fondamentali della lingua da loro parlata dalla nascita, facendola diventare il primo esempio di quella lingua che sarebbe stata chiamata più tardi, a partire dal Cinquecento, "italiana". [...] In Toscana [...], a differenza di ogni altra zona italiana, c'era una connessione e una vicinanza tra lingua parlata e lingua scritta sconosciute a tutte le altre regioni italiane, eccetto la città di Roma.
4. Roma fu l'unica città italiana, fuori dalla Toscana, dove l'uso del fiorentino come lingua nazionale non sia rimasto circoscritto al campo dell'amministrazione, alle situazioni più formali della vita pubblica e alle produzioni scritte delle fasce sociali più istruite, ma si sia diffuso in strati sociali sempre più vasti [...], mentre le tracce del dialetto originario andavano sparendo e il nuovo, influenzato in profondità dal toscano e, poi, dall'italiano, trasmettendosi di padre in figlio diventava a sua volta una parlata con poco più che una sfumatura di suono locale, differente rispetto all'italiano letterario pressoché allo stesso modo in cui lo è la parlata fiorentina più marcatamente locale.
5. Il gruppo delle persone che utilizzavano l'italiano sia nella scrittura e nella lettura sia nel parlato quotidiano era numericamente piccolo quando, nel 1861, vi fu l'unificazione politica dell'Italia [...]. Questa pattuglia si era successivamente ingrandita in conseguenza del costituirsi dello Stato e della società dopo l'Unità, ed era diventata, continuando a usare la stessa metafora, una schiera: ma una schiera che a metà del Novecento era in primo luogo ancora meno di un quinto della popolazione, in secondo luogo era per lo più raccolta a Firenze e Roma e, infine, se poteva contare sul sostegno in teoria delle idee prevalenti, che ostentavano disprezzo per la "cosa nociva dei dialetti", non poteva contare sul sostegno delle azioni e dei fatti concreti.
6. In Italia, nel periodo che precede e segue l'unificazione politica così come negli anni Cinquanta del Novecento e, peraltro, anche oggi, regna [...] una situazione caratterizzata da una forte presenza di più centri di potere. L'Italia è una nazione piena di città importanti, ciascuna delle quali spicca per qualche aspetto. Come già il Manzoni aveva previsto con preoccupazione, la capitale linguistica, Firenze, non è stata (se non per poco tempo) e non è la capitale politica. E la capitale politica, Roma, [...] è stata superata per molto tempo da Firenze (a cui oggi si è aggiunta anche Milano) per autorevolezza linguistica, da Napoli per numero di abitanti, da Milano, Torino e Genova per importanza economica, finanziaria e produttiva, da Milano e Napoli, e dalla stessa Firenze, come centro dell'industria editoriale e della cultura, anche se Roma ha continuato a disputarsi con ciascuna delle altre città il primato grazie alla presenza di un notevole numero di italiani provenienti da ogni regione e al risultato che deriva dal fatto di essere contemporaneamente il centro in cui si parla di più l'italiano (eccetto Firenze, ovviamente) e in cui si hanno più istituzioni che contribuiscono alla diffusione dell'italiano standard a livello nazionale e locale.
7. per capire meglio l'importanza linguistica che hanno avuto e ancora hanno la trasmissioni televisive, si pensi che gli altri due grandi fattori di diffusione dell'italiano (migrazioni interne e scuola) hanno operato in maniera [...] differente nelle varie zone e il difficile processo di unificazione ha prodotto effetti diversi in ogni regione e in ogni provincia. Invece la televisione, dopo la fase di avvio a metà del Novecento, ha velocemente raggiunto in modo uniforme tutto il territorio italiano: superando le barriere delle fasce sociali meno agiate, si è resa accessibile a tutte le classi sociali; infine, affiancando alla parola le immagini, e proponendo programmi facilmente comprensibili e interessanti, ha superato anche gli ostacoli legati alla scarsa frequenza scolastica e ha fornito a tutti una vera scuola di lingua italiana.
8. l'italiano non è più una lingua usata da pochi, ma è la lingua corrente sia scritta sia parlata di più di venti milioni di persone ed è la lingua scritta

e pubblica di almeno altri venti milioni di persone: nessun altro dialetto e nessuna delle tredici trascurate lingue delle minoranze linguistiche può vantare un numero di parlanti così elevato. Non ancora per tutti, ma per la maggioranza dei cittadini l'italiano è diventato finalmente una lingua "viva e vera" [...]: vale a dire, non ha più una diffusione prevalentemente toscana o romana e fuori da queste zone non è più riservato a piccoli gruppi di persone istruite di alcune città più grandi.

5 **Descrizione attività:** gli studenti abbinano le parole alle definizioni.

Risposte:
1. e; 2. g; 3. a; 4. h; 5. i; 6. k; 7. f; 8. j; 9. c; 10. b; 11. d.

6 **Descrizione attività:** gli studenti leggono le varie frasi e spiegano il significato delle parole e delle espressioni sottolineate.

Risposte
(si suggeriscono alcune possibili soluzioni):
1. *pattuglia*: piccolo gruppo di persone.
2. *schiera*: moltitudine di persone.
3. *avvento*: arrivo, comparsa.
4. *portata linguistica*: importanza sul piano della lingua.
5. *spinta alla italofonia*: stimolo all'uso dell'italiano.

Suggerimenti: prima di svolgere l'attività, si possono rileggere i vari brani in cui compaiono le parole e le espressioni sottolineate per avere una maggiore comprensione del contesto complessivo e quindi del loro significato.

7 **Descrizione attività:** gli studenti riflettono sulla situazione linguistica dei propri Paesi e presentano poi le loro considerazioni agli altri compagni.

Suggerimenti: gli studenti possono inserire le informazioni di cui dispongono in tabelle o schemi da mostrare alla classe. La riflessione potrebbe anche prendere l'avvio da una precisazione sui significati di parole fondamentali come *lingua*, *dialetto*, *varietà*, *scolarizzazione*, ecc., che sono state individuate nel testo iniziale dell'unità.

Lettura
pag. 11-13

Le varietà dell'italiano

Argomento: il testo descrive le variazioni della lingua italiana in relazione al tempo (varietà diacroniche), allo strato sociale del parlante (varietà diastratiche), alla situazione comunicativa (varietà diafasiche), al canale comunicativo (varietà diamesiche), all'area geografica di provenienza del parlante (varietà diatopiche).

Suggerimenti: l'insegnante può chiedere agli studenti di rapportare questa classificazione alla situazione linguistica del proprio Paese e di fornire degli esempi al riguardo.

Alcuni aspetti delle varietà diastratiche, diafasiche e diamesiche

Argomento: il testo descrive brevemente le varietà diastratiche (l'italiano colto, i gerghi, l'italiano popolare), le varietà diafasiche (il registro formale e quello informale, i linguaggi specialistici), le varietà diamesiche (lo scritto, il parlato, il trasmesso).

Attività pag. 13-14

8 **Descrizione attività:** gli studenti rispondono alle domande.

Risposte:
1. c.
2. L'italiano popolare rientra nelle varietà diastratiche.
3. L'italiano colloquiale si inserisce nella variazione diamesica, perché è legato alla situazione comunicativa.
4. Il registro è il modo con cui si utilizzano le diverse possibilità espressive di una lingua in rapporto alla situazione comunicativa.
5. a.

9 **Descrizione attività:** gli studenti leggono il testo appartenente all'italiano popolare, individuano le forme sbagliate e le correggono; poi analizzano e descrivono gli usi linguistici che non rientrano nell'italiano standard.

Risposte
(si suggeriscono alcune possibili soluzioni):
Cara Emilia,
in questo momento ho ricevuto il tuo espresso da me tanto desiderato perché da otto lunghi giorni attendevo tue notizie. Sono contento di leggere che siete tutti in ottima salute; ti assicuro che anch'io sto bene. Ho letto che i bambini sono bravi: questo mi fa molto piacere; ho letto anche che Angelo mi ricorda spesso, ho già nostalgia di rivedervi tutti, ma, stando così le cose, facciamoci coraggio. Dobbiamo pensare che non siamo i soli a soffrire perché anche tutti gli

altri soffrono; quindi, Emilia, non resta che aspettare il giorno in cui finirà questo castigo. Cara Emilia, mi chiedi cosa faccio; come ti avevo spiegato nella lettera precedente, siccome lavoro pochissimo, non facciamo quasi niente. Dobbiamo però considerare che qui sono provvisorio; da un giorno all'altro mi possono spostare in un altro gruppo: infatti, tutto cambia qui. Da quando mi hanno dato la divisa, ho fatto per due volte il caporale di giornata; per il resto, passiamo la giornata in camerata ad aspettare l'ora del rancio. Ripeto: questa è la situazione fino a quando starò qui; quando mi trasferiranno, non so quello che faremo. Tutte le sere sono uscito, all'infuori di quando sono stato di turno: andiamo a comprare un po' di frutta, mangiamo qualcosa. Di solito non troviamo niente e se troviamo qualche cosa, è troppo cara. La cosa più preoccupante per me è che il pane non basta, anzi non lo troviamo neppure. Il rancio è buono e lo finisco tutto, fuorché il riso, che ci danno una volta alla settimana. Insomma mi arrangerò con della frutta, sebbene sia molto cara: pensa che le pesche le paghiamo otto lire al chilo e l'uva dieci al chilo. Quindi immaginati quanto è cara.

Analisi linguistica

Ortografia

- Uso della maiuscola per la minuscola: *In questo momento* (riga 2), *Bambini* (riga 4), *Bravi* (riga 4);
- Mancanza di accenti: *gia* (riga 5) = già; *cio* (riga 6) = ciò; e (righe 14, 15, 16, 18) = è; *arangero* (riga 17) = arrangerò.
- Mancanza dell'apostrofo: *un po* (riga 13) = un po'.
- Uso improprio dell'apostrofo: *so'* (riga 12) = so.
- Uso della lettera *q* per la *c* velare davanti a *u*: *assiquro* (righe 3-4) = assicuro; *preoqupante* (riga 15) = preoccupante.
- Grafia unita di due o più parole distinte: *occompreso* (riproduzione della pronuncia con raddoppiamento fonosintattico: riga 4) = ho compreso; *ingenerale* (riga 6) = in generale; *celapassiamo* (riga 11) = ce la passiamo; *acomprare* (riga 13) = a comprare; *perme* (riga 15) = per me; *celodanno* (riga 16) = ce lo danno;
- Mancata separazione dell'articolo o della preposizione articolata con omissione dell'apostrofo: *laltro* (righe 9-10) = l'altro; *lora* (riga 11) = l'ora; *allinfori* (riga 13) = all'infuori; *luva* (riga 18) = l'uva.
- Grafia separata di una parola come se si trattasse di due parole: *con sumo* (riga 16) = consumo.
- Assenza dell'*h* nelle voci del verbo *avere*: *occompreso* (riga 4) = ho compreso; *anno* (riga 10) = hanno.
- Uso della consonante scempia per la doppia: *sofrire* (riga 6) = soffrire; *preoqupante* = preoccupante (riga 15); *arangero* (riga 17) = arrangerò; *fruta* (riga 17) = frutta.

Punteggiatura

- Assenza di segni d'interpunzione: per esempio, mancanza della virgola dopo *Cara Emilia* (riga 1).
- Uso della virgola in luogo del punto o del punto e virgola o dei due punti.
- Uso della sbarretta per separare due parole: *otto/giorni* (riga 2).

Fonetica

- Trasformazione di *c* (velare sorda) in *g* (velare sonora): *gastigo* (riga 7) = castigo.
- Trasformazione di *qu* (labiovelare sorda) in *gu* (labiovelare sonora): *guasi* (riga 9) = quasi.
- Uso della vocale *o* in luogo del dittongo *uo*: *allinfori* (riga 13), *all'infori* (riga 16) = all'infuori.
- Semplificazione di nessi consonantici: *raccio* (riga 12) = rancio.

Morfosintassi

- *che* polivalente come mezzo di collegamento generico: *ho ricevuto il tuo desiderato espresso che da lunghi otto giorni attendevo tue notizie* (righe 2-3).
- *in quanto che* (riga 17) = sebbene, quantunque, nonostante (per introdurre una proposizione concessiva con il verbo al congiuntivo).
- *fino che* (riga 12) = finché, fino a che.
- *all'infori che* (riga 16) = all'infuori di, fuorché.
- Mancanza di elementi di collegamento tra le frasi: per esempio, *sento mi domandi* (riga 8) = sento che mi domandi.

Lessico

- *il simile* (riga 4) = la stessa cosa.
- *escito* (forma regionale toscana: riga 13) = uscito.
- *qualche poco* (riga 14) = qualcosa.
- *vola* (forma dialettale antica: riga 16) = volta.

10 **Descrizione attività:** gli studenti abbinano le frasi alle varietà di appartenenza.

Risposte:

1. b; 2. a; 3. d; 4. c.

11 **Descrizione attività:** gli studenti individuano nel testo i tratti tipici del parlato e trasformano poi il brano di parlato conversazionale in un testo scritto.

Risposte:

Tratti tipici del parlato:

- frammentarietà sintattica, segmentazione del testo in brevi frasi accostate l'una all'altra senza essere ben collegate tra loro;

- frequenti esitazioni, pause, interruzioni (segnalate nella trascrizione dai puntini);
- frequenti ripetizioni, riformulazioni, rettifiche: *assistenza... assistenza sociale* (riga 3); *con degli anziani, con persone anziane che hanno problemi... degli anziani poveri insomma* (righe 4-5);
- uso del *che* come mezzo di collegamento generico: *io sto in un gruppo... che... siamo studenti* (riga 2);
- segnali discorsivi: *eh* (riga 2), *insomma* (riga 3), *così* (righe 4, 7);
- vocaboli generici: *cose* (riga 7).

TRASFORMAZIONE DEL BRANO DI PARLATO CONVERSAZIONALE IN UN TESTO SCRITTO
(si suggeriscono alcune possibili soluzioni):

- Che cosa fai nel tuo tempo libero?
- Io sto in un gruppo; siamo studenti, più che altro studenti di liceo, ma anche universitari. Facciamo assistenza sociale, nei quartieri popolari soprattutto, nelle borgate di Roma o anche a Trastevere, con anziani che hanno problemi, ossia sono poveri. Cerchiamo di fare delle scuole popolari anche con bambini che hanno per lo più problemi scolastici e anche problemi familiari: genitori analfabeti e situazioni di questo genere.

Lettura pag. 15-19

Le varietà diatopiche

Argomento: il testo descrive le principali varietà regionali di italiano.

L'italiano regionale settentrionale

Argomento: il testo descrive alcune caratteristiche dell'italiano regionale del Nord.

L'italiano regionale centrale: la varietà toscana

Argomento: il testo descrive alcune caratteristiche della varietà regionale toscana.

L'italiano regionale centrale: la varietà mediana

Argomento: il testo descrive alcune caratteristiche dell'italiano regionale del Centro.

L'italiano regionale meridionale

Argomento: il testo descrive alcune caratteristiche dell'italiano regionale del Sud.

Suggerimenti: l'insegnante può affiancare alla lettura dei testi la visione di alcune sequenze dei film citati nella sezione "Approfondiamo", soffermandosi sul parlato dei protagonisti (per esempio: *Sciuscià* e *Ladri di biciclette* per la varietà romana; *Non ci resta che piangere* per la varietà toscana e per la varietà campana; *I cento passi* per la varietà siciliana).

L'italiano regionale sardo

Argomento: il testo descrive alcune caratteristiche della varietà regionale sarda.

Il dialetto e la lingua

Argomento: il testo descrive le differenze tra dialetto e lingua.

Attività pag. 19-25

12 **Descrizione attività:** gli studenti completano le frasi utilizzando le informazioni contenute nei testi letti in precedenza.

Risposte:

1. Le varietà regionali sono individuabili principalmente per i tratti fonetici e intonativi, per quelli sintattici e, in misura minore, per quelli lessicali e morfologici.
2. Le varietà regionali di italiano possono essere classificate in tre gruppi principali: le varietà regionali settentrionali; le varietà regionali centrali (toscana e mediana); le varietà regionali meridionali.
3. La varietà regionale più accettata sembra oggi quella settentrionale, di base milanese, perché è ritenuta più vicina a un ipotetico italiano standard; alla base di questa considerazione è il notevole peso economico dell'Italia settentrionale.
4. La varietà toscana, di base fiorentina, ha perso oggi in parte il suo prestigio: alcune sue caratteristiche fonetiche vengono considerate come dialettali.
5. Alcune caratteristiche fonetiche dell'italiano regionale settentrionale sono: a) le consonanti doppie tendono a essere pronunciate scempie; b) la *s* intervocalica è sempre sonora; c) l'opposizione fra la *e* chiusa e la *e* aperta e fra la *o* chiusa e la *o* aperta è realizzata in modo diverso rispetto allo standard; d) non esiste il raddoppiamento fonosintattico.
6. Alcune caratteristiche morfosintattiche della varietà toscana sono: a) l'uso di tre forme di dimostrativi (*questo, codesto, quello*), anziché di due come nell'italiano comune (*questo, quello*); b) l'uso dei pronomi personali complemento *me* e *te* in funzione di soggetto; c) l'uso della

costruzione *noi si* + verbo alla terza persona singolare (*noi si va*), invece della prima persona plurale (*noi andiamo*); d) l'uso di alcune forme verbali non corrette (come *stassi*, *dasti* al posto di *stessi*, *desti*).

13 Descrizione attività: gli studenti rispondono alle domande.

Risposte:

1. a) L'uso del passato remoto al posto del passato prossimo appartiene all'italiano regionale meridionale.
   b) L'uso di *te* come soggetto appartiene sia all'italiano regionale settentrionale sia alla varietà toscana.
   c) La negazione con *mica* appartiene all'italiano regionale settentrionale.
2. a) *pennichella*: varietà romana;
   b) *pittare*: italiano regionale meridionale;
   c) *pirla*: italiano regionale settentrionale;
   d) *balocco*: varietà toscana;
   e) *capoccia*: varietà romana;
   f) *sfizio*: italiano regionale meridionale;
   g) *michetta*: italiano regionale settentrionale;
   h) *borgataro*: varietà romana.
3. Esempi di parole pronunciate con la gorgia nella varietà regionale toscana: *Luca*, *Coca Cola*, *edicola*, *la casa*, ecc.
4. Le consonanti doppie tendono a essere pronunciate scempie nella varietà regionale settentrionale.
5. È possibile capire la provenienza geografica di una persona che parla una varietà regionale di italiano soprattutto dai tratti fonetici e intonativi.
6. a) varietà siciliana;
   b) italiano regionale settentrionale.

14 Descrizione attività: gli studenti abbinano le parole regionali a quelle corrispondenti dell'italiano standard.

Risposte:

1. c; 2. e; 3. g; 4. h; 5. i; 6. a; 7. j; 8. b; 9. d; 10. f.

15 Descrizione attività: gli studenti leggono il brano tratto dalla commedia *Questi fantasmi!* Di Eduardo De Filippo e riscrivono in italiano standard le espressioni in dialetto, aiutandosi anche con le note.

Risposte:

- *ce l'ho detto* (righe 5-6): gliel'ho detto.
- *Fa buono... se spassa* (righe 6-7): Fa bene... si diverte.
- *'O marito nun se scoccia* (righe 7-8): Il marito non si scoccia.
- *'e figlie* (riga 8): le figlie.
- *Pensasse a essa! 'O vi'?* (riga 9): Che pensi a lei! Lo vedi?
- *'o palazzo* (riga 10): il palazzo.
- *comme te chiame?* (riga 10): come ti chiami?
- *Rafèle* (riga 11), *Rafe'* (riga 12): Raffaele.
- *aggi' 'a parlà* (riga 12): devo parlare.
- *quann'isso nun ce sta* (riga 13): quando lui non c'è.
- *Mo* (riga 13): ora, adesso.
- *'a signora* (riga 14): la signora.
- *Statte buono* (riga 16): Statti bene.
- *'o ddicevo* (riga 17): lo dicevo.
- *'O ssaccio... nu poco 'e pacienzia* (riga 19): Lo so, un po' di pazienza.
- *Chesta è rrobba bbona* (riga 21): Questa è roba buona.
- *Vedimmo si vene qualcheduno* (riga 22): Vediamo se viene qualcuno.
- *Aspettammo* (riga 23): Aspettiamo.
- *fuori a* (riga 27): fuori di, fuori da.
- *me ne scendo* (riga 33): scendo giù.
- *'o scellenza, signo'* (riga 38): o eccellenza, signore.
- *si invece 'e diciotto cammere* (righe 42-43): se invece le diciotto camere.
- *vuie site 'o padrone* (riga 44): voi siete il padrone.
- *'E fantasme... 'e spirete... 'e lluce... 'e rummore... 'e ccatene* (righe 46-47): I fantasmi... gli spiriti... le luci... i rumori... le catene.
- *'o fummo* (riga 48): il fumo.
- *'a capa* (riga 49): la testa.
- *tutt' 'e fesserie che diceno 'a ggente* (riga 50): tutte le sciocchezze che dice la gente.
- *si ce mettimmo d'accordo* (righe 50-51): se ci mettiamo d'accordo.
- *te faccio guadagna' belli sorde* (riga 51): ti faccio guadagnare molti soldi.
- *aggio* (riga 52): ho.
- *aggi' 'a da' a mangià a muglièrema* (riga 53): devo dare da mangiare a mia moglie (devo provvedere a mia moglie).
- *'A vita è tosta e nisciuno ...* (riga 54): La vita è dura e nessuno ...
- *ce sta* (riga 54): c'è.
- *vota* (riga 54): volta.
- *pe' puté di': "t'aggio aiutato"* (righe 54-55): per poter dire:"ti ho aiutato".
- *te saluta* (riga 55): ti saluta.
- *nun* (riga 55): non.

Suggerimenti: l'insegnante può sollecitare gli studenti a individuare nel testo alcuni fra i tratti tipici dell'italiano regionale meridionale.

16 **Descrizione attività:** gli studenti cercano informazioni su Eduardo De Filippo e scrivono la sua biografia.

Suggerimenti: la ricerca può essere svolta anche in piccoli gruppi con compiti differenti: per esempio, un gruppo può cercare informazioni sulla vita del grande commediografo napoletano, un altro può raccogliere notizie sulle sue opere maggiori e sulle caratteristiche delle sue produzioni teatrali, un altro può analizzare i tratti linguistici di alcuni brani tratti dalle sue opere principali. Alla fine le informazioni trovate potrebbero confluire in un unico testo scritto con l'apporto di tutti gli studenti.

17 **Descrizione attività:** gli studenti scelgono, nella produzione teatrale di De Filippo, alcune opere e, in piccoli gruppi, descrivono alla classe la trama, i personaggi, gli aspetti linguistici dell'opera selezionata.

Suggerimenti: l'attività deve riguardare non solo la descrizione della trama e dei personaggi delle opere selezionate, ma anche l'analisi degli aspetti linguistici per indurre gli studenti a una riflessione più attenta sui tratti propri della varietà regionale meridionale.

18 **Descrizione attività:** gli studenti leggono il brano tratto dal romanzo *Ragazzi di vita* di Pier Paolo Pasolini e riscrivono in italiano standard le espressioni in dialetto, aiutandosi anche con le note.

Risposte:

- *stracciaroli* (righe 11-12): straccivendoli (venditori di stracci).
- *pischelli* (riga 12): ragazzi.
- *birroccioni* (riga 13): barrocci (carri da trasporto a due ruote).
- *burini* (riga 13): contadini, campagnoli.
- *carciofoli* (riga 17): carciofi.
- *zompi* (riga 21): salti, balzi.
- *saccoccia* (riga 23): tasca.
- *cicca* (riga 23): sigaretta.
- *Aòh ... me 'a voi dà sta cica?* (righe 25-26): Senti ... me la vuoi dare questa sigaretta?
- *Tiè, basta che te stai zitto* (riga 26): Tieni, basta che tu stia zitto.
- *Mannaggia ... me sto a mmorì de debolezza, è da ieri matina che nun magno* (righe 32-33): Maledizione ... sto morendo di debolezza, è da ieri mattina che non mangio.
- *caciara* (riga 33): confusione, chiasso, baccano, gazzarra.
- *roscio* (riga 41): rosso (di capelli).
- *cigolini* (riga 41): lentiggini.
- *Che, te sei fatto pecoraro, a cuggì?* (righe 41-42): Che sei diventato un pecoraio, cugino?
- *fijo de na mignotta* (righe 44-45): figlio di puttana, figlio di buona donna.
- *Si ce fate ventisei lire me lasso tajà l'osso der collo* (riga 50): Se ci fate ventisei lire mi lascio tagliare l'osso del collo.
- *se vedemo stasera a chi c'ha più grana 'n saccoccia* (righe 55-56): Vediamo stasera chi ha più soldi in tasca.
- *"A morto de fame, vòi venì che ti offrimo da beve?" "Daje"* (righe 57-58): "Poveraccio, vuoi venire che ti offriamo da bere?" "Va bene".
- *attoppati* (riga 62): ubriachi (cfr. *toppa* 'ubriacatura').
- *Annàmise a vende 'e poltrone, a Riccè* (righe 62-63): Andiamoci a vendere le poltrone, Riccetto.
- *appioppato* (riga 63): appoggiato.
- *"e mannamo tutto a ffà 'n..." "E addò l'annamo a venne"* (righe 63-64): "e mandiamo tutto al diavolo" "E dove lo andiamo a vendere".
- *Ma li mortacci tua ... annate a Porta Portese, no!* (riga 65): Ma accidenti ai tuoi morti ... andate a Porta Portese, no!
- *Namo, a Caciò?* (riga 66): Andiamo, Caciotta?
- *Ve saluto, a cosi brutti* (riga 68): Vi saluto brutti ceffi.

19 **Descrizione attività:** gli studenti individuano nel testo alcuni tratti fonetici e morfosintattici della varietà romana.

Risposte:

- La vocale *ò* al posto del dittongo *uò*: *voi* (righe 26, 57) 'vuoi'.
- La vocale *e* al posto di *i* nei pronomi atoni *me* (righe 32, 50) 'mi', *te* (righe 26, 41) 'ti', *ce* (riga 50) 'ci', *ve* (riga 68) 'vi', *je* (nella forma *daje* 'dagli': riga 58) 'gli' e nella preposizione *de* (righe 32, 44, 57) 'di'.
- La sostituzione di *ci* con *se*: *se vedemo* (riga 55) 'ci vediamo', *annamise* (riga 62) 'andiamoci'.
- La congiunzione *si* (riga 50) 'se'.
- La vocale *u* al posto di *o* chiusa nell'avverbio negativo *nun* (riga 33) 'non'.
- Il raddoppiamento della consonante *g* palatale tra due vocali: *cuggì* (riga 42) 'cugino'.
- Il passaggio di *nd* a *nn* (assimilazione consonantica): *annamise* (riga 62) 'andiamoci', *mannamo* (riga 64) 'mandiamo', *annamo* (riga 64) 'andiamo', *venne* (riga 64) 'vendere', *annate* (riga 65) 'andate'.
- Il passaggio di *l* a *r* (rotacismo): *der* (riga 50) 'del'.
- Il passaggio della laterale palatale (nella grafia *gl*) a *j*: *fijo* (riga 44) 'figlio', *tajà* (riga 50) 'tagliare', *daje* (riga 58) 'dagli' (imperativo del verbo *dare* + pronome atono *gli*).
- Il passaggio di *ng* palatale a nasale palatale (nella grafia *gn*): *magno* (riga 33) 'mangio'.

- La caduta della *l* iniziale degli articoli e dei pronomi personali: *'a voi* (riga 26) 'la vuoi', *'e poltrone* (riga 63) 'le poltrone'.
- Lo scempiamento di alcune consonanti: *cica* (riga 26) 'cicca (sigaretta)', *matina* (riga 32) 'mattina'.
- La caduta di un suono iniziale (aferesi): *na* (riga 45) 'una', *'n* (righe 56, 64) 'in', *namo* (riga 66) per *annamo* 'andiamo'.
- La caduta della sillaba finale di un verbo all'infinito (infinito apocopato): *dà* (riga 26) 'dare', *mmorì* (riga 32) 'morire', *tajà* (riga 50) 'tagliare', *venì* (riga 58) 'venire', *beve* (riga 58) 'bere', *vende* (riga 62) 'vendere', *venne* (riga 64) 'vendere', *ffà* (riga 64) 'fare'.
- La caduta dei suoni dopo la sillaba accentata nei nomi propri e nelle forme con cui ci si rivolge a qualcuno (apocope negli allocutivi): *a cuggì* (riga 42) 'cugino', *a Riccè* (riga 44) 'Riccetto', *a Caciò* (riga 66) 'Caciotta'.
- La caduta della sillaba finale in altre forme: *tiè* (riga 26) 'tieni'; *addò* (riga 64) 'dove'.
- L'aggiunta di una *a* all'inizio di una parola (pròstesi): *addò* (riga 64) 'dove'.
- L'uso delle desinenze *-amo*, *-emo*, *-imo* al posto di *-iamo*: *mannamo* (riga 64) 'mandiamo', *annamo* (riga 64) 'andiamo', *vedemo* (riga 55) 'vediamo', *offrimo* (riga 58) 'offriamo'.
- L'uso nel maschile plurale dell'articolo *li* al posto di *i*: *li mortacci* (riga 65).
- L'uso nel maschile plurale dell'aggettivo possessivo *tua* al posto di *tuoi*: *li mortacci tua* (riga 65); si noti anche che l'aggettivo possessivo è collocato dopo il nome a cui si riferisce.
- L'uso della perifrasi verbale "*stare* + *a* + infinito" per sottolineare l'aspetto durativo, cioè la continuità e la durata di un'azione: *sto a mmorì* (riga 32) 'sto morendo'.
- L'uso del *che* enfatico nelle frasi interrogative: *Che, te sei fatto pecoraro, a cuggì?* (righe 41-42).
- L'uso dell'esclamazione *ahò* (*aòh*) per richiamare l'attenzione di qualcuno (riga 25).
- L'uso di rivolgersi a qualcuno premettendo al nome la preposizione *a*: *a cuggì* (riga 42), *a Riccè* (righe 44, 63), *a ventisei lire* (riga 55), *a morto de fame* (riga 57), *a Caciò* (riga 66), *a così brutti* (riga 68).
- L'uso del suffisso *-aro* al posto di *-aio*: *stracciaroli* (righe 11-12) 'stracciaioli', *pecoraro* (righe 41-42) 'pecoraio'.

20 Descrizione attività: gli studenti realizzano una serie di attività sul testo di Pier Paolo Pasolini per un'ipotetica classe di apprendenti stranieri di livello avanzato.

Risposte libere.

Suggerimenti:

Per le attività di comprensione si possono realizzare:

- domande a scelta multipla; per es.: I due ragazzi spingono il carretto: a) in una via affollata; b) in centro; c) vicino a un fiume;
- domande di completamento; per es.: 1. Nel carretto i ragazzi trasportano ______________; 2. I marciapiedi erano pieni di ______________;
- domande aperte; per es.: 1. Chi sono i ragazzi che spingono il carretto?; 2. Dove si dirigono?

Per le attività di analisi grammaticale si possono:

- realizzare cloze in cui vengono tolte dal testo alcune preposizioni (semplici e articolate) che devono essere reintrodotte dagli studenti;
- far trasformare i discorsi diretti in discorsi indiretti;
- fornire brani tratti dal testo in cui sono state sostituite le forme verbali con altre sbagliate che gli studenti devono correggere.

Per le attività sul lessico si può chiedere agli studenti di:

- trovare i sinonimi di un vocabolo; per es.: *voltava* = girava; *colonne* = file;
- spiegare che cosa significa una parola o un'espressione; per es.: Che cosa significa *marciapiedi scrostati*?;
- abbinare alcune parole della varietà regionale romana al loro corrispettivo in italiano standard; per es.: *magno* = mangio.

L'insegnante può proporre anche altri testi dello stesso autore o di altri autori (vedi la sezione "Approfondiamo") da utilizzare per uno sfruttamento didattico mirato all'argomento dell'unità.

Riepiloghiamo

pag. 26

Gli studenti leggono in sintesi gli argomenti che hanno studiato nel corso dell'unità.

Approfondiamo

pag. 26-27

In questa sezione gli studenti trovano delle indicazioni utili per approfondire gli argomenti studiati, non soltanto sotto il profilo linguistico, ma anche dal punto di vista cinematografico, musicale, letterario e teatrale. I suggerimenti proposti mirano a offrire all'insegnante ulteriori spunti didattici per l'ampliamento delle attività.

Unità 2
L'italiano standard e neostandard

pag. 28

Lettura pag. 28-29

L'italiano standard

Argomento: il testo descrive le caratteristiche dell'italiano standard.

Suggerimenti: l'insegnante può integrare l'argomento con altri testi.

Attività pag. 29

1 **Descrizione attività:** gli studenti, sulla base delle informazioni lette, spiegano il concetto di italiano standard, immaginando di avere di fronte un pubblico di studenti stranieri.

Risposta libera.

Suggerimenti: l'insegnante può aiutare gli studenti scrivendo alcuni concetti chiave alla lavagna.

2 **Descrizione attività:** gli studenti rispondono alla domanda basandosi su quanto letto nel testo.

Risposta:

I parlanti toscani acquisiscono sempre una pronuncia regionale, anche quando hanno l'italiano e non il dialetto come lingua materna.

3 **Descrizione attività:** gli studenti rispondono alla domanda basandosi su quanto letto nel testo.

Risposta:

L'italiano parlato non è uguale a quello codificato nei libri di grammatica, che coincide piuttosto con l'italiano scritto formale: molti tratti del parlato, oggi del tutto normali e diffusi anche nello scritto, vengono censurati dalle grammatiche, che propongono come modello l'italiano standard normativo.

Lettura pag. 30-31

L'italiano neostandard

Argomento: il testo descrive le caratteristiche dell'italiano neostandard.

Suggerimenti: l'insegnante può integrare l'argomento con altri testi.

Il neostandard: una lingua tra passato e presente

Argomento: il testo precisa il concetto di neostandard, sottolineando come molti fenomeni considerati oggi innovativi siano in realtà già presenti nella lingua del passato.

Attività pag. 31

4 **Descrizione attività:** gli studenti, sulla base delle informazioni lette, spiegano il concetto di italiano neostandard, immaginando di avere di fronte un pubblico di studenti stranieri.

Risposta libera.

5 **Descrizione attività:** gli studenti rispondono alle domande basandosi su quanto letto nel testo.

Risposte:

Le altre denominazioni con cui è chiamato l'italiano neostandard sono "italiano comune", "italiano dell'uso medio", "italiano tendenziale", "italiano senza aggettivi".

Ciascuna di tali denominazioni tende a mettere in evidenza determinate caratteristiche di questa varietà:

- "neostandard", perché costituirebbe la base per un futuro nuovo standard normativo;
- "comune", perché si ritiene che sia la varietà più usata;
- "dell'uso medio", perché si tratta di una varietà diffusa soprattutto nell'uso parlato e scritto di media formalità;
- "tendenziale", perché costituita da fenomeni che rappresentano tendenze in via di evoluzione;
- "senza aggettivi", cioè "italiano" e basta, perché priva di elementi veramente nuovi rispetto alle linee di sviluppo dell'italiano.

6 **Descrizione attività:** gli studenti rispondono alla domanda basandosi su quanto letto nel testo.

Risposta:

I fenomeni del neostandard non hanno tutti lo stesso grado di accettabilità: bisogna distinguere tra fenomeni che sono ammessi anche nell'italiano scritto (per es. l'uso di *gli* con il valore di 'a loro') e fenomeni che invece si collocano ancora al livello parlato e popolare della lingua (per es. l'uso di *gli* con il valore di 'a lei').

Lettura pag. 32-34

L'ordine delle parole nella frase

Argomento: il testo introduce i concetti di "ordine normale" e "ordine marcato" dei costituenti della frase.

Suggerimenti: l'insegnante può integrare l'argomento con altri testi.

Dislocazione a sinistra

Argomento: il testo descrive il fenomeno della dislocazione a sinistra, mettendone in luce la struttura sintattica (elemento focalizzato + pronome atono di ripresa) e la funzione pragmatica (evidenziazione del tema della frase).

Dislocazione a destra

Argomento: il testo descrive il fenomeno della dislocazione a destra, mettendone in luce la struttura sintattica (anticipazione pronominale + costituente collocato in posizione finale) e la funzione pragmatica (evidenziazione del rema della frase, costituito dal predicato verbale).

Frase scissa

Argomento: il testo descrive il fenomeno della frase scissa, mettendone in luce la struttura sintattica (*è* + elemento focalizzato + *che* + verbo di modo finito) e la funzione pragmatica (evidenziazione del rema della frase).

c'è presentativo

Argomento: il testo descrive il costrutto del "*c'è* presentativo", mettendone in luce la struttura sintattica (*c'è* + 1° costituente nuovo + *che* + 2° costituente nuovo) e la funzione pragmatica (favorire la ricezione del messaggio suddividendo l'informazione nuova in due blocchi).

Attività pag. 34-37

7 **Descrizione attività:** gli studenti individuano per ciascuna frase il costituente dislocato a sinistra, la sua funzione sintattica (complemento oggetto, complemento indiretto, proposizione subordinata) e il pronome atono con cui il costituente viene ripreso; infine, riscrivono la frase senza dislocazione.

Risposte:

1. A Stefano non gli racconterò più niente.
   COSTITUENTE DISLOCATO: *A Stefano.*
   FUNZIONE SINTATTICA DEL COSTITUENTE: complemento indiretto (di termine)
   RIPRESA PRONOMINALE: *gli.*
   FRASE SENZA DISLOCAZIONE: *Non racconterò più niente a Stefano.*
2. Che fosse così egoista non lo avrei mai immaginato.
   COSTITUENTE DISLOCATO: *Che fosse così egoista.*
   FUNZIONE SINTATTICA DEL COSTITUENTE: proposizione subordinata (oggettiva).
   RIPRESA PRONOMINALE: *lo.*
   FRASE SENZA DISLOCAZIONE: *Non avrei mai immaginato che fosse così egoista.*
3. L'esame lo sosterremo a giugno.
   COSTITUENTE DISLOCATO: *L'esame.*
   FUNZIONE SINTATTICA DEL COSTITUENTE: complemento oggetto.
   RIPRESA PRONOMINALE: *lo.*
   FRASE SENZA DISLOCAZIONE: *A giugno sosterremo l'esame.*
4. A Roberta che cosa le rimane da fare?
   COSTITUENTE DISLOCATO: *A Roberta.*
   FUNZIONE SINTATTICA DEL COSTITUENTE: complemento indiretto (di termine).
   RIPRESA PRONOMINALE: *le.*
   FRASE SENZA DISLOCAZIONE: *Che cosa rimane da fare a Roberta?*
5. All'ospedale ce l'ha mandato lui.
   COSTITUENTE DISLOCATO: *All'ospedale.*
   FUNZIONE SINTATTICA DEL COSTITUENTE: complemento indiretto (di moto a luogo).
   RIPRESA PRONOMINALE: *ce.*
   FRASE SENZA DISLOCAZIONE: *Lui l'ha mandato all'ospedale.*
6. Una vacanza così dispendiosa non ce la possiamo permettere.
   COSTITUENTE DISLOCATO: *una vacanza così dispendiosa.*
   FUNZIONE SINTATTICA DEL COSTITUENTE: complemento oggetto.
   RIPRESA PRONOMINALE: *la.*
   FRASE SENZA DISLOCAZIONE: *Non possiamo permetterci una vacanza così dispendiosa.*
7. Con Guido mi ci trovo bene.
   COSTITUENTE DISLOCATO: *Con Guido.*
   FUNZIONE SINTATTICA DEL COSTITUENTE: complemento indiretto (di relazione).
   RIPRESA PRONOMINALE: *ci.*
   FRASE SENZA DISLOCAZIONE: *Mi trovo bene con Guido.*
8. Che cosa Carla abbia in mente non te lo so dire.
   COSTITUENTE DISLOCATO: *Che cosa Carla abbia in mente.*
   FUNZIONE SINTATTICA DEL COSTITUENTE: proposizione subordinata (interrogativa indiretta).
   RIPRESA PRONOMINALE: *lo.*
   FRASE SENZA DISLOCAZIONE: *Non ti so dire che cosa Carla abbia in mente.*

9. Del suo passato non ne parla con piacere.
COSTITUENTE DISLOCATO: *Del suo passato.*
FUNZIONE SINTATTICA DEL COSTITUENTE: complemento indiretto (di argomento).
RIPRESA PRONOMINALE: *ne.*
FRASE SENZA DISLOCAZIONE: *Non parla con piacere del suo passato.*

10. Quello che ti dico lo capisci o no?
COSTITUENTE DISLOCATO: *Quello che ti dico.*
FUNZIONE SINTATTICA DEL COSTITUENTE: proposizione subordinata (oggettiva).
RIPRESA PRONOMINALE: *lo.*
FRASE SENZA DISLOCAZIONE: *Capisci o no quello che ti dico?*

Suggerimenti: l'insegnante può integrare l'esercizio con altre frasi, oppure può proporre altre tipologie di esercizi che abbiano sempre per oggetto la dislocazione a sinistra; per esempio, può fare delle domande a cui gli studenti devono rispondere con una frase che contenga una dislocazione a sinistra: *Hai notizie di Gianni? – No, Gianni non lo sento da un po' di tempo.*

8 **Descrizione attività:** gli studenti trasformano le frasi senza dislocazione in frasi con dislocazione a sinistra.

Risposte:

1. Di motori te ne intendi?
2. I libri li hai già restituiti alla biblioteca?
3. A Roma mi piacerebbe abitarci.
4. Di arance ne ho comprate due chili.
5. A Francesca non dirle niente.
6. Di storie su di lui ne ho sentite raccontare tante.
7. Gli gnocchi al pesto li hai mai mangiati?
8. Con Riccardo non ci andrò mai più in vacanza.
9. Di politica Giulio non ne parla mai.
10. I compiti in classe il professore li ha riconsegnati oggi.

Suggerimenti: l'insegnante può integrare l'esercizio con altre frasi.

9 **Descrizione attività:** gli studenti individuano per ciascuna frase il costituente dislocato a destra, la sua funzione sintattica (complemento oggetto, complemento indiretto, proposizione subordinata) e il pronome atono da cui il costituente viene anticipato; infine, riscrivono la frase senza dislocazione.

Risposte:

1. Lo immaginavo che non saresti partito con questo brutto tempo.
COSTITUENTE DISLOCATO: *che non saresti partito con questo brutto tempo.*
FUNZIONE SINTATTICA DEL COSTITUENTE: proposizione subordinata (oggettiva).
ANTICIPAZIONE PRONOMINALE: *Lo.*
FRASE SENZA DISLOCAZIONE: *Immaginavo che non saresti partito con questo brutto tempo.*

2. La mangi la pizza?
COSTITUENTE DISLOCATO: *la pizza.*
FUNZIONE SINTATTICA DEL COSTITUENTE: complemento oggetto.
ANTICIPAZIONE PRONOMINALE: *La.*
FRASE SENZA DISLOCAZIONE: *Mangi la pizza?*

3. Scusi, lo sa quanto costa questa borsa?
COSTITUENTE DISLOCATO: *quanto costa questa borsa.*
FUNZIONE SINTATTICA DEL COSTITUENTE: proposizione subordinata (interrogativa indiretta).
ANTICIPAZIONE PRONOMINALE: *lo.*
FRASE SENZA DISLOCAZIONE: *Scusi, sa quanto costa questa borsa?*

4. Le ho regalato un libro a Giorgia.
COSTITUENTE DISLOCATO: *a Giorgia.*
FUNZIONE SINTATTICA DEL COSTITUENTE: complemento indiretto (di termine).
ANTICIPAZIONE PRONOMINALE: *Le.*
FRASE SENZA DISLOCAZIONE: *Ho regalato un libro a Giorgia.*

5. Ci parlo spesso con Sergio.
COSTITUENTE DISLOCATO: *con Sergio.*
FUNZIONE SINTATTICA DEL COSTITUENTE: complemento indiretto (di relazione).
ANTICIPAZIONE PRONOMINALE: *Ci.*
FRASE SENZA DISLOCAZIONE: *Parlo spesso con Sergio.*

6. Ne ho visti tanti di film d'azione.
COSTITUENTE DISLOCATO: *di film.*
FUNZIONE SINTATTICA DEL COSTITUENTE: complemento indiretto (partitivo).
ANTICIPAZIONE PRONOMINALE: *Ne.*
FRASE SENZA DISLOCAZIONE: *Ho visto tanti film d'azione.*

7. Gli ho dato un bacio ai bambini.
COSTITUENTE DISLOCATO: *ai bambini.*
FUNZIONE SINTATTICA DEL COSTITUENTE: complemento indiretto (di termine).
ANTICIPAZIONE PRONOMINALE: *Gli.*
FRASE SENZA DISLOCAZIONE: *Ho dato un bacio ai bambini.*

8. Le ho incontrate ieri Paola e Daniela.
COSTITUENTE DISLOCATO: *Paola e Daniela.*
FUNZIONE SINTATTICA DEL COSTITUENTE: complemento oggetto.
ANTICIPAZIONE PRONOMINALE: *Le.*
FRASE SENZA DISLOCAZIONE: *Ho incontrato ieri Paola e Daniela.*

9. Lo supponevo che avresti fatto tardi.
COSTITUENTE DISLOCATO: *che avresti fatto tardi.*
FUNZIONE SINTATTICA DEL COSTITUENTE: proposizione subordinata (oggettiva).

ANTICIPAZIONE PRONOMINALE: *Lo.*
FRASE SENZA DISLOCAZIONE: *Supponevo che avresti fatto tardi.*

10. **Prendine ancora un po' di dolce.**
    COSTITUENTE DISLOCATO: *di dolce.*
    FUNZIONE SINTATTICA DEL COSTITUENTE: **complemento indiretto (partitivo).**
    ANTICIPAZIONE PRONOMINALE: *ne.*
    FRASE SENZA DISLOCAZIONE: *Prendi ancora un po' di dolce.*

Suggerimenti: l'insegnante può integrare l'esercizio con altre frasi, oppure può proporre altre tipologie di esercizi che abbiano sempre per oggetto la dislocazione a destra; per esempio, può invitare gli studenti a formulare domande con una dislocazione a destra partendo da espressioni con il verbo all'infinito: *andare al mare* ➔ *Ci vai al mare?*; *mangiare il minestrone* ➔ *Lo mangi il minestrone?*

10 Descrizione attività: gli studenti individuano le frasi scisse esplicite e le frasi scisse implicite; poi trasformano le implicite in esplicite e, quando possibile, le esplicite in implicite; infine, trasformano le frasi scisse, sia esplicite che implicite, in frasi non marcate.

Risposte:

1. **È Giulio a dover chiedere scusa ad Alessio. (I) ➔ È Giulio che deve chiedere scusa ad Alessio. ➔ Giulio deve chiedere scusa ad Alessio.**
2. **È stato l'eccesso di velocità a provocare l'incidente. (I) ➔ È stato l'eccesso di velocità che ha provocato l'incidente. ➔ L'eccesso di velocità ha provocato l'incidente.**
3. **È a Francesca che abbiamo detto tutto. (E) ➔ Abbiamo detto tutto a Francesca.**
4. **È sempre lui a complicare le cose. (I) ➔ È sempre lui che complica le cose. ➔ Sempre lui complica le cose.**
5. **È a te che ho chiesto questo favore. (E) ➔ Ho chiesto a te questo favore.**
6. **In questa casa è Maria che decide ogni cosa. (E) ➔ In questa casa è Maria a decidere ogni cosa. ➔ In questa casa Maria decide ogni cosa.**
7. **È da Veronica che mi aspetto i risultati migliori. (E) ➔ Mi aspetto i risultati migliori da Veronica.**
8. **È stato Mario ad aver fatto la spia. (I) ➔ È stato Mario che ha fatto la spia. ➔ Mario ha fatto la spia.**
9. **Sei tu che organizzi la festa? (E) ➔ Sei tu a organizzare la festa? ➔ Tu organizzi la festa?**
10. **È Giorgio ad arrivare tardi agli appuntamenti. (I) ➔ È Giorgio che arriva tardi agli appuntamenti. ➔ Giorgio arriva tardi agli appuntamenti.**

Suggerimenti: l'insegnante può integrare l'esercizio con altre frasi, oppure può proporre altre tipologie di esercizi che abbiano sempre per oggetto le frasi scisse; per esempio, può invitare gli studenti a ribattere a un'affermazione in modo contrastivo: *Giulia ha ragione.* ➔ *È Anna che ha ragione.* Oppure può sollecitare gli studenti a rispondere a una domanda sull'identità di una persona o di una cosa non conosciuta: *Chi ha aiutato Anna?* ➔ *Sono io che l'ho aiutata.*

11 Descrizione attività: gli studenti individuano quale fenomeno linguistico è presente in ciascuna frase; poi riscrivono le frasi in modo che i loro elementi abbiano un ordine non marcato.

Risposte:

1. **C'è un tuo amico che vuole parlarti.**
   FENOMENO LINGUISTICO: **c'è presentativo.**
   FRASE NON MARCATA: *Un tuo amico vuole parlarti.*
2. **Perché si comporti così non lo capisco.**
   FENOMENO LINGUISTICO: **dislocazione a sinistra.**
   FRASE NON MARCATA: *Non capisco perché si comporti così.*
3. **È stato il padre che lo ha tirato fuori dai guai.**
   FENOMENO LINGUISTICO: **frase scissa.**
   FRASE NON MARCATA: *Il padre lo ha tirato fuori dai guai.*
4. **Lo vuoi un gelato?**
   FENOMENO LINGUISTICO: **dislocazione a destra.**
   FRASE NON MARCATA: *Vuoi un gelato?*
5. **È Fabio ad aver vinto il torneo di tennis.**
   FENOMENO LINGUISTICO: **frase scissa.**
   FRASE NON MARCATA: *Fabio ha vinto il torneo di tennis.*
6. **L'ho già visto questo film.**
   FENOMENO LINGUISTICO: **dislocazione a destra.**
   FRASE NON MARCATA: *Ho già visto questo film.*
7. **C'è un ladro che sta fuggendo.**
   FENOMENO LINGUISTICO: **c'è presentativo.**
   FRASE NON MARCATA: *Un ladro sta fuggendo.*
8. **Le vacanze le abbiamo trascorse al mare.**
   FENOMENO LINGUISTICO: **dislocazione a sinistra.**
   FRASE NON MARCATA: *Abbiamo trascorso le vacanze al mare.*
9. **Gliela presti a Domenico la tua macchina?**
   FENOMENO LINGUISTICO: **dislocazione a destra.**
   FRASE NON MARCATA: *Presti a Domenico la tua macchina?*
10. **Ve lo avevo promesso che vi avrei aiutato.**
    FENOMENO LINGUISTICO: **dislocazione a destra.**
    FRASE NON MARCATA: *Vi avevo promesso che vi avrei aiutato.*

12 Descrizione attività: gli studenti riscrivono le frasi in modo che i loro elementi abbiano un ordine marcato.

Risposte:

1. A Margherita che cosa le rimane da fare? / Che cosa le rimane da fare a Margherita?
2. C'è una signora che chiede di te.
3. I film di avventura li guardo spesso. / Li guardo spesso i film di avventura.
4. Una crociera non ce la possiamo permettere. / Non ce la possiamo permettere una crociera. / È una crociera che non ci possiamo permettere.
5. Un caffè lo vuole? / Lo vuole un caffè?
6. C'è un cane che gioca nel cortile. / Nel cortile ci gioca un cane.
7. Il giornale l'ho già letto. / L'ho già letto il giornale.
8. Dell'accaduto ne sei responsabile tu. / Sei tu che sei responsabile dell'accaduto. / Sei tu a essere responsabile dell'accaduto.
9. C'è una persona che ti cerca.
10. Il mal di denti ce l'ha Mauro. / È Mauro che ha il mal di denti. / È Mauro ad avere il mal di denti.

13 **Descrizione attività:** gli studenti indicano quale fenomeno linguistico è presente in ciascuna frase, qual è il costituente focalizzato e se il costituente focalizzato rappresenta l'elemento noto (tema) o l'elemento nuovo (rema) della frase.

Risposte:

1. Me lo aspettavo che avresti fatto tardi.
   FENOMENO LINGUISTICO: dislocazione a destra.
   COSTITUENTE FOCALIZZATO: *mi aspettavo* (rema).
2. Del professor Rossi ne ho grande stima.
   FENOMENO LINGUISTICO: dislocazione a sinistra.
   COSTITUENTE FOCALIZZATO: *Del professor Rossi* (tema).
3. La domanda del concorso non l'ho ancora spedita.
   FENOMENO LINGUISTICO: dislocazione a sinistra.
   COSTITUENTE FOCALIZZATO: *La domanda del concorso* (tema).
4. C'è un ragazzo che vuole conoscerti.
   FENOMENO LINGUISTICO: *c'è* presentativo.
   COSTITUENTE FOCALIZZATO: *un ragazzo* (rema).
5. Non dirle niente a Patrizia.
   FENOMENO LINGUISTICO: dislocazione a destra.
   COSTITUENTE FOCALIZZATO: *non dire* (rema).
6. Siete voi che non avete detto la verità.
   FENOMENO LINGUISTICO: frase scissa.
   COSTITUENTE FOCALIZZATO: *voi* (rema).
7. Maurizio l'ha vinto il torneo di tennis?
   FENOMENO LINGUISTICO: dislocazione a destra.
   COSTITUENTE FOCALIZZATO: *ha vinto* (rema).
8. Sono stato io a sobbarcarmi tutte le spese.
   FENOMENO LINGUISTICO: frase scissa.
   COSTITUENTE FOCALIZZATO: *io* (rema).
9. Sono vegetariano: la carne non la mangio.
   FENOMENO LINGUISTICO: dislocazione a sinistra.
   COSTITUENTE FOCALIZZATO: *la carne* (tema).
10. Sei tu che dirigi l'azienda?
    FENOMENO LINGUISTICO: frase scissa.
    COSTITUENTE FOCALIZZATO: *tu* (rema).

Lettura pag. 38-40

Il sistema pronominale

lui / lei / loro in funzione di soggetto

Argomento: il testo descrive, all'interno dei processi di semplificazione in atto nel sistema pronominale italiano, l'uso di *lui / lei / loro* in funzione di soggetto al posto di *egli / ella / essi, esse*.

gli con i valori di 'a loro' e 'a lei'

Argomento: il testo descrive l'uso di *gli* con i valori di 'a loro' e 'a lei', sottolineando che mentre *gli* per *loro* è accettabile anche nello scritto, *gli* per *le* è limitato al parlato e non è ammesso nello scritto.

cosa? / che cosa? / che?

Argomento: il testo descrive l'uso di *cosa* come pronome interrogativo in concorrenza con le forme *che* e *che cosa*.

ci + avere

Argomento: il testo descrive il costrutto "*ci + avere*", molto diffuso nel parlato, ma ancora oggi poco comune nello scritto.

Altre tendenze del sistema pronominale

Argomento: il testo descrive altri fenomeni significativi nell'ambito del sistema dei pronomi italiani.

Suggerimenti: l'insegnante può integrare l'argomento con altri testi.

Attività pag. 40

14 **Descrizione attività:** gli studenti completano le frasi basandosi su quanto letto nel testo.

Risposte:

1. Nel parlato il pronome soggetto *egli* è ormai sostituito da *lui*.
2. Nei quotidiani il pronome soggetto *egli* è nettamente meno frequente di *lui*, ma non è affatto scomparso.

3. Nel parlato e nello scritto il pronome soggetto *ella* è ormai scomparso.
4. I pronomi *lui* e *lei* vengono usati con funzione di soggetto anche con riferimento a un animale e a una cosa.
5. I pronomi *essi* / *esse* tendono oggi a essere sostituiti da *loro*.
6. L'uso del pronome *gli* per *loro* si sta oggi diffondendo sempre di più ed è pienamente accettabile anche nello scritto.
7. L'uso del pronome *gli* per *le* è comune nel parlato colloquiale, ma non è accettabile nello scritto.
8. Il costrutto "*ci* + *avere*" è molto comune nel parlato e compare anche nei testi letterari o giornalistici tendenti alla simulazione del parlato, ma è ancora oggi poco diffuso nello scritto.
9. Il pronome dimostrativo *codesto* sopravvive soltanto in Toscana e nel linguaggio burocratico.
10. Il pronome *ciò* tende a essere sostituito da *questo* o *quello*.

Lettura pag. 41-42

Il collegamento tra le frasi

che polivalente

Argomento: il testo descrive, all'interno dei processi di semplificazione in atto nel collegamento tra le frasi, le diverse funzioni del *che*, pronome relativo e congiunzione.

Le congiunzioni subordinanti

Argomento: il testo descrive alcuni fenomeni di semplificazione nel sistema delle congiunzioni subordinanti.

Suggerimenti: l'insegnante può integrare l'argomento con altri testi.

Attività pag. 42

15 **Descrizione attività:** gli studenti sostituiscono nelle frasi il *che* polivalente con un altro mezzo di collegamento.

Risposte:

1. Esco di casa per andare al lavoro **quando** è ancora notte fonda.
2. Togliti il cappotto **perché** fa caldo.
3. Ormai è un anno **da quando** ci conosciamo.
4. Dillo chiaramente **perché** tutti capiscano.
5. Vieni subito **perché** è tardi.
6. Mangia qualcosa **perché** sei digiuno!
7. Saranno tre mesi **da quando** non lo vedo.
8. Sono arrivato a casa **quando** era mezzanotte.

16 **Descrizione attività:** gli studenti distinguono nelle frasi gli usi del *che* polivalente propri della lingua parlata (P) da quelli accettabili anche nello scritto (S); poi sostituiscono il *che* polivalente con un altro mezzo di collegamento.

Risposte:

1. Il giorno che ci siamo visti era lunedì. (S) → Il giorno in cui ci siamo visti era lunedì.
2. Questo è un argomento che ne discutiamo spesso. (P) → Questo è un argomento di cui discutiamo spesso.
3. Roma è una città che ci si vive bene. (P) → Roma è una città in cui si vive bene.
4. Antonio è uno che gli puoi chiedere un favore. (P) → Antonio è uno a cui puoi chiedere un favore.
5. Questa è la signora che ti parlavo ieri. (P) → Questa è la signora di cui ti parlavo ieri.
6. L'estate che partii per New York avevo appena compiuto sedici anni. (S) → L'estate in cui partii per New York avevo appena compiuto sedici anni.
7. Questo è un libro che me ne hanno parlato molto bene. (P) → Questo è un libro di cui mi hanno parlato molto bene.
8. Non passa giorno che non lo incontri. (S) → Non passa giorno in cui non lo incontri.

Lettura pag. 43-46

Il sistema verbale

Tempi verbali

Argomento: il testo descrive alcuni usi in espansione nel sistema dei tempi verbali: il presente con valore di futuro; il passato prossimo in luogo del passato remoto; l'imperfetto indicativo nel periodo ipotetico invece del congiuntivo (nella protasi) e del condizionale (nell'apodosi); l'imperfetto ludico e l'imperfetto onirico; l'imperfetto per fare una richiesta cortese al posto del condizionale semplice o dell'indicativo presente; il futuro epistemico; il futuro deontico.

Modi verbali

Argomento: il testo descrive alcuni usi in espansione nel sistema dei modi verbali: l'impiego dell'indicativo al posto del congiuntivo in determinati tipi di proposizioni subordinate; la sostituzione del condizionale con l'indicativo imperfetto per esprimere l'idea di futuro nel passato; il condizionale di dissociazione; l'uso dell'infinito in varie costruzioni.

Perifrasi verbali

Argomento: il testo descrive l'uso di perifrasi verbali (*stare + gerundio*, *stare + a +* infinito) per esprimere un particolare aspetto del verbo.

Suggerimenti: l'insegnante può integrare l'argomento con altri testi.

Attività pag. 46-52

17 Descrizione attività: gli studenti analizzano le frasi, individuando e descrivendo gli usi verbali tipici dell'italiano neostandard; quindi, riscrivono le frasi in un italiano formale.

Risposte:

1. *Se lo sapevo che ti interessava, ti avvisavo.*
   Uso dell'imperfetto indicativo nel periodo ipotetico dell'irrealtà al posto del congiuntivo trapassato (nella protasi) e del condizionale passato (nell'apodosi).
   ➜ *Se avessi saputo che ti interessava, ti avrei avvisato.*
2. *Penso che fai bene.*
   Uso dell'indicativo al posto del congiuntivo in una proposizione subordinata oggettiva in dipendenza da un verbo di opinione.
   ➜ *Penso che tu faccia bene.*
3. *Stavo a mangiare quando mi hai telefonato.*
   Uso della perifrasi verbale "*stare + a +* infinito" per esprimere l'aspetto durativo.
   ➜ *Stavo mangiando quando mi hai telefonato.*
4. *Credo che dici la verità.*
   Uso dell'indicativo al posto del congiuntivo in una proposizione subordinata oggettiva in dipendenza da un verbo di opinione.
   ➜ *Credo che tu dica la verità.*
5. *Se potevo, l'avrei fatto.*
   Uso dell'imperfetto indicativo nella protasi del periodo ipotetico dell'irrealtà al posto del congiuntivo trapassato.
   ➜ *Se avessi potuto, l'avrei fatto.*
6. *Fra una settimana vado a Parigi per vedere una mostra di pittura.*
   Uso del presente con valore di futuro insieme a un'espressione temporale (*fra una settimana*) a cui è affidato il compito di collocare l'azione nel futuro.
   ➜ *Fra una settimana andrò a Parigi per vedere una mostra di pittura.*
7. *Mi sembra che hai ragione.*
   Uso dell'indicativo al posto del congiuntivo in una proposizione subordinata soggettiva quando il parlante sente l'evento non come ipotetico o incerto ma come reale.
   ➜ *Mi sembra che tu abbia ragione.*
8. *Non immaginavo che partivate anche voi.*
   Uso dell'imperfetto al posto del condizionale passato per esprimere l'idea di futuro nel passato.
   ➜ *Non immaginavo che sareste partiti anche voi.*

18 Descrizione attività: gli studenti analizzano le frasi e individuano i tratti dell'italiano neostandard.

Risposte:

1. Che polivalente: uso del ponome relativo *che* insieme con un pronome atono al posto di un'altra forma di pronome relativo (*che gli* = a cui).
2. *Loro* con funzione di soggetto; *che* polivalente (uso della congiunzione *che* per introdurre una propozione causale: *che* = perché); uso del presente con valore di futuro (*può* = potrà) insieme a un avverbio di tempo (*domani*) a cui è affidato il compito di collocare l'azione nel futuro.
3. Dislocazione a destra.
4. *C'è* presentativo.
5. *Lei* con funzione di soggetto; *gli* con il valore di 'a loro'; uso del dimostrativo *questo* rafforzato da *qui*.
6. *Che* polivalente: uso del ponome relativo *che* insieme con l'avverbio di luogo *ci* al posto di un'altra forma di pronome relativo (*che ci* = in cui).
7. Dislocazione a sinistra.
8. Uso dell'indicativo al posto del congiuntivo in una proposizione subordinata soggettiva quando il parlante sente l'evento non come ipotetico o incerto ma come reale.
9. Uso dell'imperfetto indicativo nel periodo ipotetico dell'irrealtà al posto del congiuntivo trapassato (nella protasi) e del condizionale passato (nell'apodosi).
10. Frase scissa.

19 Descrizione attività: gli studenti leggono i brani della commedia di Pirandello *Il giuoco delle parti* e parafrasano le frasi sottolineate.

Risposte
(si suggeriscono alcune possibili soluzioni):

– *Tu vedi sempre piccolo. La tua persona. Te, in ballo* (riga 18) = Tu hai una visione molto ristretta della realtà, limitata alla tua persona, e tendi a vedere solo te stesso e le tue azioni.
– *la geografia è ancora il libro su cui da ragazzo la studiavi* (righe 19-20) = hai una percezione del mondo limitata e non reale, come se la geografia fosse solo il libro che si studia a scuola e non il mondo con la sua complessità.
– *la propria vita... quella che nessuno confida, neanche a se stesso!* (righe 36-37) = la parte più intima

della propria vita... quella che nessuno rivela, neppure a se stesso!

- *Non t'è mai avvenuto di scoprirti improvvisamente in uno specchio, mentre stai vivendo senza pensarti, che la tua stessa immagine ti sembra quella d'un estraneo, che subito ti turba, ti sconcerta, ti guasta tutto, richiamandoti a te, che so, per rialzarti una ciocca di capelli che t'è scivolata sulla fronte?* (righe 39-42) = Non ti è mai capitato di trovare all'improvviso la tua immagine riflessa in uno specchio, mentre stai vivendo senza essere presente a te stesso, tanto che la tua immagine ti sembra quella di un estraneo, che ti inquieta, ti disorienta, ti sconvolge, inducendoti a ritornare in te e a riprendere coscienza con un gesto concreto come quello di aggiustarti una ciocca di capelli che ti è scivolata sulla fronte?
- *Questo maledetto specchio, che sono gli occhi degli altri, e i nostri stessi, quando non ci servono per guardare gli altri, ma per vederci, come ci conviene vivere... come dobbiamo vivere* (righe 44-46) = Gli occhi della gente che ci guarda e ci giudica, e i nostri stessi occhi quando li usiamo non per guardare gli altri, ma per guardare dentro di noi e per vedere come si debba vivere sono come uno specchio che riflette un'immagine di noi che ci risulta insopportabile.
- *dovrei andarci con un filo tra le dita, io, verso l'avvenire, a prender le misure* (righe 52-53) = dovrei andare verso il futuro calcolando tutto con precisione e prevedendo ogni cosa nei dettagli.
- *credermi un pedante* (riga 54) = ritenermi un pignolo.
- *Mi sembra uno sbadiglio tutto quello che mi dici* (riga 55): Mi sembra molto noioso tutto ciò che mi dici.
- *smorendo* (riga 62) = sbiancando in volto come un morto.
- *È la vita. Bisogna vuotarsene* (riga 65) = È la dura realtà della vita. Bisogna liberarsene.
- *S'appressa a Guido, rimasto allibito* (riga 79) = Si avvicina a Guido, rimasto sbigottito.
- *scrollandogli un'ala del bavero e pigiando su ogni parola* (riga 85) = scuotendogli la parte laterale del collo della giacca e scandendo bene ogni parola.
- *perfettamente secondo il giuoco delle parti* (righe 89-90) = avviene tutto secondo uno schema predefinito, in cui ciascuno ha un proprio ruolo preciso.
- *Dal mio pernio io non mi muovo* (riga 90) = Dalla mia posizione io non mi sposto (intende dire: mi limito a interpretare la mia parte di marito senza assumere altri ruoli che non mi competono). Il termine *pernio* è variante rara di *perno* (elemento fisso intorno al quale ruota qualcosa).
- *portarmi al macello* (riga 94) = condurmi alla morte.
- *pareva che faceste all'altalena, e su, e giù, e io nel mezzo ad aggiustarmi e ad aggiustarvi a punto* (righe 96-97) = sembrava che oscillaste da una posizione all'altra, ora in un senso ora in quello opposto, e io tra voi due ad adattarmi e a mettervi d'accordo perfettamente.
- *Tu mi sei testimonio* (riga 99) = Tu puoi attestare. La parola *testimonio* è oggi poco comune per *testimone*.

Suggerimenti: prima di leggere il testo, l'insegnante può presentare la trama della commedia. Leone Gala è un marito tradito, ma non dei soliti. Dice di aver "capito il giuoco": quello della vita e delle sue rapine. Per difendersene s'è fatto "il vuoto dentro", e ora la sua esistenza scorre placida, inattaccabile da sentimenti e passioni. Ha accettato di ridare piena libertà alla moglie, Silia; se n'è andato di casa, cedendo il posto all'amante, l'amico Guido Venanzi. Tutto questo senza venir meno al rispetto di certe forme imposte dal ruolo di marito. Ma una disponibilità così pronta a ogni suo desiderio esaspera Silia, che è sempre più ossessionata dalla assenza-presenza di Leone. Al punto che, quando le si presenta una fortuita occasione – l'involontaria ma gravissima offesa fattale da un gentiluomo –, progetta di mettere a repentaglio la vita del marito, trascinandolo in un duello con chi l'ha oltraggiata. Leone, come sempre, accetta: c'è un'offesa da riparare con un duello. Sarà lui, il marito, secondo le regole, a sfidare il gentiluomo, ottimo tiratore; e l'amico Guido gli farà da padrino. Ma al momento fissato per lo scontro Leone rivela di non avere alcuna intenzione di scendere sul terreno: la sua parte di marito l'ha fatta, sfidando chi ha offeso la moglie; quanto a battersi non tocca a lui ma all'amante. Il marito riesce così a farsi sostituire sul campo dall'amico che gli ha usurpato il letto. Se è lui che formalmente deve lanciare la sfida, deve essere l'altro, poiché di fatto ne è l'amante, a difendere l'onore della donna. E Guido, costrettovi dalle ferree leggi cavalleresche oltre che dal "giuoco delle parti", va a battersi, e muore.

Dopo aver descritto la trama della commedia, l'insegnante può far svolgere agli studenti, anche al di fuori del contesto di classe, una ricerca sulla figura e sulle opere di Pirandello. Gli studenti potrebbero poi riunirsi in piccoli gruppi e parlarne.

20 **Descrizione attività:** gli studenti individuano i tratti dell'italiano neostandard presenti nel testo.

Risposte:

- *le mani non gliele vedevo* (riga 7): dislocazione a sinistra.

- *Il gusto, d'esser donna, non l'ho provato mai* (riga 31): dislocazione a sinistra.
- *dovrei andarci con un filo tra le dita, io, verso l'avvenire* (riga 52): dislocazione a destra.
- *Ce lo facciamo tutti, il male, a vicenda* (riga 64): dislocazione a destra.
- *se lui si fosse fatto avanti* (riga 69): *lui* con funzione di soggetto.
- *Se ci hai di là qualche signore* (righe 73-74): il costrutto "*ci + avere*".
- *che lui si mostrasse* (righe 74-75): *lui* con funzione di soggetto.
-

21 **Descrizione attività:** gli studenti descrivono il profilo psicologico di Silla e Guido, analizzando il loro rapporto, la loro personalità e i contenuti dei loro dialoghi.

Risposte
(si suggeriscono alcune possibili soluzioni):
Silia è egocentrica, superficiale e volubile, mentre Guido è debole e insicuro. Silia e Guido sono amanti, ma in realtà l'uomo è il passatempo di Silia che lo domina completamente. I dialoghi rivelano una forte ambiguità nella comunicazione e lasciano intuire le intenzioni nascoste dei protagonisti che non vengono espresse chiaramente.

Suggerimenti: l'insegnante può proporre agli studenti la lettura di altri brani del *Giuoco delle parti*.

22 **Descrizione attività:** gli studenti rileggono i brani del *Giuoco delle parti* e ne scrivono un riassunto.

Risposta libera.

23 **Descrizione attività:** gli studenti leggono l'articolo sulla lingua degli sms, ne discutono il contenuto e descrivono la situazione nel loro Paese a proposito di questo fenomeno.

Risposta libera.

24 **Descrizione attività:** gli studenti parlano della loro esperienza a proposito della comunicazione attraverso e-mail, chat, cellulari, ecc., mettendo in luce le caratteristiche linguistiche di questo genere di testi.

Risposta libera.

25 **Descrizione attività:** gli studenti realizzano una serie di attività sul testo di Michele A. Cortelazzo per un'ipotetica classe di apprendenti stranieri di livello avanzato.

Risposte libere.

Suggerimenti:
Per le attività di comprensione si possono realizzare:
- domande a scelta multipla; per es.: l'italiano dei messaggini è soprattutto: a) una lingua scritta che imita il parlato; b) una lingua formale; c) una lingua usata dagli adolescenti;
- domande di completamento; per es.: 1. I maggiori utilizzatori dei messaggini sono ______________;
  2. I messaggini potrebbero rappresentare la rivincita ________________;
- domande aperte; per es.: 1. Quanti caratteri può avere un messaggino?; 2. Perché i messaggini sono usati soprattutto dai giovani?

Per le attività di analisi grammaticale si possono realizzare:
- cloze in cui vengono tolte dal testo alcune preposizioni (semplici e articolate) che devono essere reintrodotte dagli studenti;
- cloze in cui vengono tolti dal testo alcuni connettivi testuali che gli studenti devono poi reinserire al loro posto;
- trasformazioni di brevi brani dal presente al passato.

Per le attività sul lessico si può chiedere agli studenti di:
- trovare i sinonimi di un vocabolo; per es.: *attraverso* = per mezzo di, grazie a; *imponente* = importante, grande;
- spiegare che cosa significa una parola o un'espressione; per es.: Che cosa significa *ci devono spingere alla cautela*?

L'insegnante può proporre anche altri testi dello stesso autore o di altri autori (vedi la sezione "Approfondiamo") da utilizzare per uno sfruttamento didattico mirato all'argomento dell'unità.

Riepiloghiamo pag. 53

Gli studenti leggono in sintesi gli argomenti che hanno studiato nel corso dell'unità.

Approfondiamo pag. 53

In questa sezione gli studenti trovano delle indicazioni utili per approfondire gli argomenti studiati. I suggerimenti proposti mirano a offrire all'insegnante ulteriori spunti didattici per l'ampliamento delle attività.

Unità 3
Mi è sorto un dubbio... pag. 54

Lettura pag. 54-55

Gli errori linguistici

Argomento: il testo descrive il concetto di errore linguistico, il rapporto tra norma e uso, la differenza tra gli errori di apprendimento e gli errori di produzione.

Attività pag. 55

1 **Descrizione attività:** gli studenti rispondono alle domande basandosi sulle informazioni lette nel brano iniziale.

Risposte:

1. Gli sviluppi della lingua non dipendono dai grammatici e dalle persone colte, ma bensì dall'uso della gente comune. I grammatici e le persone colte, infatti, tendono a essere più conservativi e ad applicare le norme in maniera più rigida.
2. Il concetto di errore è variabile nel tempo perché è legato all'evoluzione della lingua: l'errore di oggi può diventare la regola di domani.
3. L'errore diventa la "norma" quando si generalizza ed entra a far parte del sistema linguistico. Esiste una forma di "censura collettiva" che governa la lingua: gli errori che superano questa censura possono diventare un uso normale della lingua, gli altri vengono rifiutati e rimangono al di fuori del sistema linguistico.
4. Gli errori di apprendimento si hanno quando il parlante nel percorso di apprendimento di una lingua straniera usa una certa forma linguistica pensando che sia corretta in un determinato contesto e non si rende conto che la forma in questione è sbagliata e dovrebbe essere sostituita con un'altra.
5. Gli errori di produzione, detti anche *lapsus*, si hanno quando il parlante usa involontariamente una forma linguistica scorretta, ma conosce la forma linguistica corretta. In questo caso il parlante è in grado di correggere in modo autonomo l'errore sostituendolo con la forma corretta.

Lettura pag. 56-57

L'accento
L'accento acuto e grave

Argomento: il testo descrive la funzione dell'accento acuto e dell'accento grave e spiega le cause degli errori nell'indicazione dell'uno o dell'altro.

L'accento nei monosillabi

Argomento: il testo descrive le regole di accentazione dei monosillabi e delle parole composte con monosillabi e spiega le cause degli errori nell'indicazione dell'accento.

Attività pag. 58-59

2 **Descrizione attività:** gli studenti segnano l'accento grafico sulle parole che lo richiedono.

Risposte:

1. Si dice che domani ci sarà uno sciopero dei mezzi fino alle **ventitré**.
2. Se domani mi telefoni, te ne parlo con calma, **sennò** ci sentiamo un altro giorno.
3. Pensa solo ai figli e non compra mai nulla per **sé**.
4. Bevo solo un **caffè**, non prendo **né** la frutta **né** il dolce.
5. Se ti va, ti do una mano a fare i compiti.
6. Qui tutto ok, e **lì**?
7. Guarda, **lassù** c'è una splendida luna che illumina il cielo blu.
8. A forza di fare su e **giù** ti verrà il mal di testa.
9. **Sì**, **sì**, sto arrivando…
10. Come sta il nonno? – Purtroppo **ristà** male: adesso **rifà** la cura che aveva fatto qualche mese fa.

3 **Descrizione attività:** gli studenti completano le frasi inserendo le parole mancanti.

Risposte:

1. Questa ragazza non è ancora **né** carne **né** pesce.
2. Chi fa da **sé** fa per tre.
3. Non so **se** viene anche Claudio in gita con noi; l'ho sentito pochi giorni **fa** e mi ha detto che aveva molto **da** fare.
4. Mia nonna ha settantadue anni: il mese prossimo ne compirà **settantatré**.
5. Non dire sempre di no, per una volta dimmi di **sì**.
6. Ho fatto un giro per la città: sono andato un po' di **qua** e un po' di là.
7. Ieri Carlo è andato al cinema e oggi ci **rivà**.
8. Franco è abitudinario: fa e **rifà** ogni giorno le stesse cose.
9. A fine mese ti **ridò** i soldi che mi hai prestato.
10. Il boccone mi è rimasto in gola e non mi va né **su** né **giù**.

4 **Descrizione attività:** gli studenti leggono i testi e correggono gli errori riguardanti l'accento grafico; poi spiegano le cause che sono all'origine degli errori.

Risposte:

Filastrocca impertinente
di Gianni Rodari

Filastrocca impertinente,
chi **sta** zitto non dice niente,
chi **sta** fermo non cammina,
chi **va** lontano non s'avvicina,
chi si siede non **sta** ritto,
chi **va** storto non **va** dritto,
e chi non parte, in verità,
in nessun posto arriverà.

La pioggia
di Roberto Piumini

No, non **è** una sola goccia,
sono tante, sono pioggia:
scende sciolta, lava, bagna,
dà da bere a ogni campagna,
riempie buchi nelle strade,
fruscia fresca mentre cade,
fa la doccia al mondo secco,
dà una goccia ad ogni becco.

Dopo la pioggia
di Gianni Rodari

Dopo la pioggia viene il sereno,
brilla in cielo l'arcobaleno:
è come un ponte imbandierato
e il sole vi passa, festeggiato.
È bello guardare a naso in **su**
le sue bandiere rosse e **blu**.
Però lo si vede – questo è il male –
soltanto dopo il temporale.
Non sarebbe più conveniente
il temporale non farlo per niente?
Un arcobaleno senza tempesta,
questa **sì** che sarebbe una festa.
Sarebbe una festa per tutta la terra
fare la pace prima della guerra.

CAUSE DEGLI ERRORI:

- *stà, *và, *fà al posto di *sta, va, fa*: si commette l'errore di segnare l'accento sulla vocale *a* per analogia con la grafia della forma verbale *dà*; ma su *dà* si mette l'accento per evitare la possibilità di confusione con la preposizione *da*, mentre su *sta, va, fa* non si indica l'accento perché in questi casi non ci si può confondere con omografi.
- - **da* al posto di *dà* (voce del verbo *dare*): si commette l'errore di non segnare l'accento sulla vocale *a* per analogia con la grafia delle forme verbali *sta, va, fa*, sulle quali non si indica l'accento perché non esiste la possibilità di confusione con omografi; invece *dà* verbo potrebbe confondersi con *da* preposizione.
- **é* al posto di *è* (voce del verbo *essere*): si commette l'errore di segnare l'accento acuto (che indica la *e* chiusa) anziché l'accento grave (che indica la *e* aperta) per analogia con la grafia di forme come *né, sé*, che si pronunciano con la e chiusa (a differenza della terza persona singolare del presente del verbo *essere*, che si pronuncia con la *e* aperta) e quindi hanno regolarmente l'accento acuto.
- - **blù, *sù* al posto di *blu, su*: si commette l'errore di segnare l'accento sulla vocale *u* per analogia con la grafia di monosillabi come *giù, più*.
- - **si* al posto di *sì* (avverbio di affermazione): si commette l'errore di non segnare l'accento sulla vocale *i* per analogia con la grafia della particella pronominale *si*. A questo errore può anche contribuire il fatto che l'avverbio di negazione *no* si scrive senza accento.

Suggerimenti: l'insegnante può integrare l'esercizio con altri esempi.

5 **Descrizione attività:** gli studenti fanno una ricerca sulle poesie di Gianni Rodari e Roberto Piumini e la espongono alla classe proponendo anche dei confronti con autori del loro Paese.

Suggerimenti: l'insegnante può proporre alla classe altri testi di Rodari e Piumini.

Lettura pag. 60- 61

Le consonanti scempie e doppie

Argomento: il testo descrive l'uso delle consonanti scempie e doppie, anche nelle diverse regioni italiane, e spiega le cause degli errori nella scrittura delle une e delle altre.

Attività pag. 61-63

6 **Descrizione attività:** gli studenti completano le parole inserendo una consonante semplice o doppia.

Risposte:

1. Oggi quel giocatore non è in buone condi**z**ioni fisiche.
2. Fai un po' di ordine, ci sono troppi o**gg**etti su quel comodino.
3. Alla fine ha sempre ra**g**ione lui.

4. A mezzo**g**iorno il sole è alto nel cielo.
5. Ti ammali sempre, non immaginavo che fossi così de**b**ole.
6. Il locale era talmente a**ff**ollato che non si respirava.
7. Moltiplicare per dieci vuol dire a**gg**iungere uno zero.
8. Riccardo ha una guida nervosa: a**cc**e**l**era e frena in continua**z**ione.
9. Alla manifesta**z**ione di ieri è sco**pp**iata una co**l**-**l**u**tt**a**z**ione tra i dimostranti e le forze dell'ordine.
10. Il paesa**gg**io delle Dolomiti è di una be**ll**e**zz**a e**cc**e**z**ionale.
11. Un gru**pp**o di raga**zz**i sco**rr**azzava in biciclе**tt**a nella pia**zz**a.
12. Mi ha lasciato este**rr**efa**tt**o che presso**c**hé tutti i ministri abbiano a**v**allato l'ini**z**iativa.
13. La no**nn**a mi faceva a**dd**ormentare con una ni**nn**a na**nn**a che diceva: "Dormi dormi mio biri-**c**hino, dormi dormi mio pi**cc**ino".
14. Per una corre**tt**a i**g**iene orale è consiglia**b**ile fare sciacqui con il co**ll**u**t**orio.
15. La biografia di Ma**c**hiavelli è ri**cc**a di particolari ane**dd**o**t**ici molto intere**ss**anti.

7 **Descrizione attività:** gli studenti indicano quali delle parole elencate, raddoppiando una consonante, cambiano di significato; poi spiegano il significato della parola con consonante semplice e di quella con consonante doppia.

Risposte:

1. *cane* (animale quadrupede domestico) / *canne* (piante dal fusto lungo e sottile)
2. *faro* (fanale) / *farro* (specie di frumento)
3. *vino*
4. *dadi*
5. *camino* (costruzione in cui si accende il fuoco) / *cammino* (tragitto, percorso)
6. *note* (appunti; suoni musicali) / *notte* (il periodo tra il tramonto e l'alba)
7. *moto* (movimento) / *motto* (frase scherzosa; frase che esprime una regola di comportamento)
8. *luce*
9. *caro* (amato; costoso) / *carro* (veicolo da trasporto)
10. *fato* (destino) / *fatto* (avvenimento)

8 **Descrizione attività:** gli studenti leggono il brano tratto dal romanzo *La coscienza di Zeno* di Italo Svevo e correggono gli errori nell'uso delle doppie.

Risposte:

La storia del mio matrimonio

Venne finalmente il giorno del mio matrimonio e proprio quel giorno ebbi un'ultima **esitazione**. Avrei dovuto essere dalla sposa alle otto del **mattino**, e invece alle sette e tre quarti mi trovavo ancora a letto fumando **rabbiosamente** e guardando la mia finestra su cui brillava, **irridendo**, il primo sole che durante quel'inverno fosse apparso. Meditavo di abbandonare Augusta! Diveniva evidente l'assurdità del mio matrimonio ora che non m'importava più di restar **attaccato** ad Ada. Non sarebbero mica avvenute di grandi cose se io non mi fossi presentato all'appuntamento! Eppoi: Augusta era stata una sposa amabile, ma non si poteva mica sapere come si sarebbe comportata la dimane delle nozze. E se **subito** m'avesse dato della bestia perché m'ero lasciato prendere a quel modo?

Per fortuna venne Guido, ed io, nonché resistere, mi scusai del mio ritardo **asserendo** di aver creduto che fosse stata **stabilita** un'altra ora per le nozze. Invece di rimproverarmi, Guido si mise a **raccontare** di sé e delle tante volte ch'egli, per **distrazione**, aveva mancato a degli appuntamenti. Anche in fatto di **distrazione** egli voleva essere superiore a me e dovetti non dargli altro ascolto per **arrivare** a uscir di casa. Così avvenne che andai al matrimonio a passo di corsa.

Arrivai tuttavia molto tardi. Nessuno mi rimproverò e tutti meno la sposa s'**accontentarono** di certe **spiegazioni** che Guido diede in vece mia. Augusta era tanto pallida che persino le sue labbra erano **livide.** Se anche non potevo dire di amarla, pure è certo che non avrei voluto farle del male. Tentai di riparare e **commisi** la bestialità d'**attribuire** al mio ritardo ben tre cause. Erano troppe e **raccontavano** con tanta chiarezza quello ch'io avevo meditato là nel mio letto, guardando il sole invernale, che si dovette ritardare la nostra partenza per la chiesa onde dar tempo ad Augusta di rimettersi.

All'altare dissi di sì distrattamente perché nella mia viva **compassione** per Augusta stavo escogitando una quarta spiegazione al mio ritardo e mi pareva la migliore di tutte.

Invece, quando uscimmo dalla chiesa, m'accorsi che Augusta aveva ricuperati tutti i suoi colori. Ne **ebbi** una certa **stizza** perché quel mio sì non avrebbe mica dovuto bastare a **rassicurarla** del mio amore. E mi preparavo a trattarla molto rudemente se si fosse rimessa tanto da darmi della bestia perché m'ero lasciato prendere a quel modo. Invece, a casa sua, **approfittò** di un momento in cui ci lasciarono soli, per dirmi piangendo:

"Non dimenticherò mai che, pur non amandomi, mi sposasti."

Io non protestai perché la cosa era stata tanto evidente che non si poteva. Ma, pieno di **compassione, l'abbracciai.**

Poi di tutto questo non si parlò più fra me ed Augusta perché il matrimonio è una cosa ben più semplice del fidanzamento. Una volta sposati non si discute più d'amore e, quando si sente il bisogno di dirne, l'animalità interviene presto a **rifare** il silenzio. Ora tale animalità può essere divenuta tanto umana da complicarsi e falsificarsi ed **avviene** che, chinandosi su una capigliatura femminile, si faccia anche lo sforzo di evocarvi una luce che non c'è. Si chiudono gli occhi e la donna diventa un'altra per ridivenire lei quando la si abbandona. A lei s'**indirizza** tutta la gratitudine e maggiore ancora se lo sforzo riuscì. È per questo che se io avessi da nascere un'altra volta (madre natura è capace di tutto!) **accetterei** di sposare Augusta, ma mai di promettermi con lei.

Alla **stazione** Ada mi porse la guancia al bacio fraterno. Io la vidi solo allora, frastornato com'ero dalla tanta gente ch'era venuta ad **accompagnarci** e **subito** pensai: "Sei proprio tu che mi cacciasti in questi panni!" **Avvicinai** le mie labbra alla sua guancia **vellutata** badando di non sfiorarla neppure. Fu la prima **soddisfazione** di quel giorno, perché per un istante sentii quale **vantaggio** mi derivasse dal mio matrimonio: m'ero vendicato rifiutando d'**approfittare** dell'unica **occasione** che m'era stata offerta di baciare Ada! Poi, mentre il treno correva, seduto accanto ad Augusta, **dubitai** di non aver fatto bene. Temevo ne fosse compromessa la mia **amicizia** con Guido. Però soffrivo di più quando pensavo che forse Ada non s'era **neppure** accorta che non avevo baciata la guancia che mi aveva offerta.

Essa se ne era accorta, ma io non lo seppi che quando, a sua volta, molti mesi dopo, partì con Guido da quella stessa **stazione**. Tutti essa baciò. A me solo offerse con grande cordialità la mano. Io gliela strinsi freddamente. La sua vendetta arrivava proprio in ritardo perché le circostanze erano del tutto mutate. Dal ritorno dal mio viaggio di nozze avevamo avuti dei rapporti fraterni e non si poteva spiegare perché mi avesse escluso dal bacio.

Suggerimenti: l'insegnante potrebbe approfondire la figura dello scrittore triestino Italo Svevo (1861-1928) e proporre altri brani di questo autore. La narrativa di Svevo mostra un'accentuata tendenza all'analisi introspettiva, che testimonia l'interesse dell'autore per le teorie psicoanalitiche: il tema centrale della sua opera è l'inettitudine alla vita, responsabile del profondo senso di fallimento che provano tutti i suoi personaggi. *La coscienza di Zeno*, pubblicato nel 1923, è il più importante romanzo di Svevo. L'opera è l'analisi della psicologia di un uomo che si sente malato, inetto e compie invano innumerevoli tentativi per cercare di guarire dal suo malessere. Nel brano proposto Zeno parla delle vicende del suo matrimonio. Il protagonista conosce quattro sorelle, figlie di Giovanni Malfenti, con il quale Zeno ha rapporti di lavoro e verso il quale nutre grande stima. La più attraente delle figlie è la primogenita, Ada: Zeno le fa la corte senza però essere ricambiato. Allora si dichiara ad Alberta, un'altra delle sorelle Malfenti, ma anche questa lo respinge. Infine sposa Augusta, la seconda delle sorelle Malfenti, quella che meno gli piaceva.

Lettura pag. 64- 66

La lettera *i*

Argomento: il testo descrive l'uso e i valori della lettera *i* e spiega le cause degli errori riguardanti l'inserimento o l'eliminazione di una *i* all'interno di determinate parole.

Attività pag. 67-68

9 **Descrizione attività:** gli studenti individuano e correggono gli errori nell'uso della lettera *i* presenti nel testo della e-mail; poi spiegano le cause che sono all'origine degli errori.

Risposte:

Cara **Francesca**,
sono appena arrivata a Lecce.
Posso scriverti solo poche righe perché devo ancora disfare le valigie e tra un po' mi chiameranno per la **cena**.
Mia cugina Cristina mi ha fatto un'accoglienza festosa. Vedessi che **scena**... Appena mi ha visto mi ha **gettato** le braccia al collo. Anche gli zii sono stati gentili con me. Mio zio è **ingegnere**, mentre mia zia insegna in un liceo **scientifico**. Mi hanno detto che domani mi **lasceranno** andare in giro per la città insieme a Cristina. Lei ha solo otto anni e di solito non **esce** mai senza di loro. Speriamo bene...
E tu che fai? Che cosa **succede** a Roma in mia assenza?
Baci, bacini, **bacetti**
Elisa

CAUSE DEGLI ERRORI:

– **Franciesca* (riga 1), **ciena* (riga 4), **sciena* (riga 5), **giettato* (riga 6), **lascieranno* (riga 7), **escie* (riga 8), **succiede* (riga 9), **bacietti* (riga 10): la scrivente inserisce erroneamente una *i* tra le consonanti *c*, *g*, *sc* e la vocale *e* per analogia con forme come *efficienza*, *cieco*, *valigie*, *coscienza*, in cui la *i* è un puro segno grafico (*i* "sovrabbondante"), privo sia di funzione fonetica (in quanto non corrisponde a nessun suono) sia di funzione diacritica (in quanto non serve a segnalare una pronuncia palatale, già garantita dalla vocale *e*): in alcuni casi la *i* "sovrabbondante" è un'eredità della scrittura latina (lat. EFFICIENTIA → it. *efficienza*, lat. CONSCIENTIA → it. *coscienza*); in altri è richiesta dalla tradizione ortografica (*valigie*, perché i nomi che al singolare escono in *-cia* e *-gia* hanno il plurale in *-cie* e *-gie* se prima della *-c* e della *-g* c'è una vocale); in altri serve per distinguere due parole di suono uguale, ma di significato diverso (*cieco* 'persona che non vede' / *ceco* ' abitante della Repubblica Ceca').

- **scentifico* (riga 7): la scrivente elimina erroneamente una *i* tra *sc* ed *e* per analogia con forme come *conoscenza*, *riconoscenza*, che si scrivono senza *i* sul modello delle corrispondenti parole latine; invece *scientifico* si scrive con la *i* come in latino (lat. SCIENTIA → it. *scienza*).
- **ingegniere* (riga 6): la scrivente rappresenta erroneamente il suono nasale palatale con il trigramma *gni* anziché con il digramma *gn*; ma in italiano il trigramma *gni* non esiste: esistono infatti soltanto i trigrammi *sci* (come in *scienza*) e *gli* (come in *biglietto*). L'errore di indicare la nasale palatale con *gni* avviene per analogia con forme come *scienza* e *biglietto*, che presentano i trigrammi *sci* e *gli*, del tutto normali in italiano.

10 **Descrizione attività:** gli studenti leggono il testo di Italo Calvino e correggono gli errori nell'uso della lettera *i*.

Risposte:

Il principe che sposò una rana

C'era una volta un Re che aveva tre **figli** in età da prender **moglie**. Perché non sorgessero rivalità sulla **scelta** delle tre spose, disse: – Tirate con la frombola più lontano che potete: dove cadrà la pietra là prenderete **moglie**.

I tre **figli** presero le frombole e tirarono. Il più grande tirò e la pietra arrivò sul tetto d'un forno; ed egli ebbe la fornaia. Il secondo tirò e la pietra arrivò alla casa di una **tessitrice**. Al più piccino la pietra cascò in un fosso.

Appena tirato, **ognuno** correva a portare l'anello alla fidanzata. Il più grande trovò una giovinotta bella **soffice** come una focaccia, il mezzano una pallidina, fina come un filo, e il più piccino guarda guarda in quel fosso, non ci trovò che una rana.

Tornarono dal Re a dire delle loro fidanzate. – Ora, – disse il Re, – chi ha la sposa migliore erediterà il regno. Facciamo le prove –. E diede a **ognuno** della canapa perché gliela riportassero di lì a tre giorni filata dalle fidanzate, a vedere chi filava meglio.

I **figli** andarono dalle fidanzate e si raccomandarono che filassero a puntino; e il più piccolo, tutto mortificato, con quella canapa in mano, se ne andò sul **ciglio** del fosso e si mise a chiamare:

– Rana, rana!
– Chi mi chiama?
– L'amor tuo che poco t'ama.
– Se non m'ama, m'amerà quando bella mi vedrà.

E la rana saltò fuori dall'acqua su una foglia. Il figlio del Re le diede la canapa e disse che sarebbe ripassato a prenderla filata dopo tre giorni.

Dopo tre giorni i fratelli maggiori corsero tutti ansiosi dalla fornaia e dalla **tessitrice** a ritirare la canapa. La fornaia aveva fatto un bel lavoro, ma la **tessitrice** – era il suo mestiere – l'aveva filata che pareva seta. E il più piccino? Andò al fosso:

– Rana, rana!
– Chi mi chiama?
– L'amor tuo che poco t'ama.
– Se non m'ama, m'amerà quando bella mi vedrà.

Saltò su una foglia e aveva in bocca una **noce**. Lui si vergognava un po' di andare dal padre con una noce mentre i fratelli avevano portato la canapa filata; ma si fece coraggio e andò. Il Re che aveva già guardato per dritto e per traverso il lavoro della fornaia e della **tessitrice**, aperse la noce del più piccino, e intanto i fratelli **sghignazzavano**. Aperta la noce ne venne fuori una tela così fina che pareva tela di ragno, e tira tira, spiega spiega, non finiva mai, e tutta la sala del trono ne era invasa. – Ma questa tela non finisce mai! – disse il Re, e appena dette queste parole la tela finì. [...]

Furono stabilite le nozze, tutti e tre i fratelli lo stesso giorno. I fratelli maggiori andarono a prendere le spose con carrozze infiorate tirate da quattro cavalli, e le spose salirono tutte cariche di piume e di gioielli.

Il più piccino andò al fosso, e la rana l'aspettava in una carrozza fatta da una foglia di fico tirata da quattro lumache. Presero ad andare: lui andava avanti, e le lumache lo seguivano tirando la foglia con la rana. Ogni tanto si fermava ad aspettarle, e una volta si addormentò. Quando si svegliò, gli s'era fermata davanti una carrozza d'oro, imbottita di velluto, con due cavalli bianchi e dentro c'era una ragazza bella come il sole con un abito verde smeraldo.

– Chi siete? – disse il figlio minore.

– Sono la rana, – e siccome lui non ci voleva credere, la ragazza aperse uno **scrigno** dove c'era la foglia di fico, la pelle della rana e quattro gusci di lumaca.

– Ero una Principessa trasformata in rana, e solo se un figlio di Re acconsentiva a sposarmi senza sapere che ero bella avrei ripreso la forma umana.

Il Re fu tutto contento e ai **figli** maggiori che si rodevano d'invidia disse che chi non era neanche capace di **scegliere** la **moglie** non meritava la Corona. Re e regina diventarono il più piccino e la sua sposa.

Suggerimenti: l'insegnante potrebbe approfondire la figura di Italo Calvino e proporre altri brani di questo autore.

11 **Descrizione attività:** gli studenti indicano per ciascuna forma se la *i* è una vocale, una semiconsonante, un segno diacritico o un puro segno grafico.

Risposte:

1. b; 2. a; 3. c; 4. b; 5. a; 6. d; 7. b; 8. d; 9. c; 10. c.

Lettura pag. 69-73

L'elisione e il troncamento

Argomento: il testo descrive alcuni dubbi riguardanti l'indicazione dell'apostrofo.

L'elisione

Argomento: il testo descrive il fenomeno dell'elisione, precisando quando l'elisione è obbligatoria e quando invece è facoltativa.

Il troncamento

Argomento: il testo descrive il fenomeno del troncamento, precisando quando il troncamento è obbligatorio e quando invece è facoltativo.

Come risolvere i dubbi

Argomento: il testo fornisce alcuni consigli per non confondere i due fenomeni dell'elisione e del troncamento e per risolvere il dubbio se si debba mettere l'apostrofo o no.

Attività pag. 74-75

12 **Descrizione attività:** gli studenti individuano nelle frasi le parole che possono essere apostrofate.

Risposte:

1. **Quest'**estate mia sorella è stata sullo Ionio con **un'**amica.
2. **Un'**influenza così fastidiosa non **m'**era mai venuta.
3. Non **t'**ho detto che ci sarò **anch'**io **all'**inaugurazione della mostra?
4. Daniela **s'**è fatta male a un piede: ci vuole qualcuno che **l'**accompagni a casa.
5. Li hai fatti i compiti? Te **l'**ho ripetuto cento volte che prima **d'**uscire dovevi finirli.
6. La tua è una **buon'**idea, anzi **un'**ottima idea! Nessun altro avrà **un'**idea migliore.
7. Le accetti le mie scuse? **T'**assicuro che una cosa del genere non accadrà mai più.
8. Ci andiamo in vacanza sulla neve **quest'**inverno?
9. Alla festa per i miei ventun anni vorrei invitare gli amici **dell'**università e anche qualcun altro.
10. Tra mezz'ora sarà Capodanno: un altro anno è volato via. Buon anno a tutti!

13 **Descrizione attività:** gli studenti leggono il testo di Raffaele La Capria e correggono gli errori riguardanti l'elisione e il troncamento; poi indicano quando l'elisione e il troncamento sono obbligatori e quando invece sono facoltativi.

Risposte:

La bella giornata

Il raggio di sole che era riuscito a infilarsi attraverso **le** imposte nel buio della stanza e oscillava sul muro come un geroglifico luminoso, **gli** annunciò quando lui aprì **gli** occhi che fuori era bello. Una giornata meravigliosa, gli ripeté la madre che s'era già alzata da un pezzo, e conveniva sbrigarsi. Col cuore pieno di allegrezza Tonino scese dal letto, si mise il costume da bagno, aprì la finestra. Il mare era intatto e liscio come una tavola, e lontano il profilo azzurro del Vesuvio si distingueva appena **dall'**azzurro del cielo.
"Andiamo alla Gaiola! Andiamo alla Gaiola!"
"Non gridare così," gli disse la madre. Stava in cucina a preparare il cestino con la colazione da portare in barca. Avrebbero mangiato sugli scogli e sarebbero rientrati al tramonto, e neppure un minuto di quella bella giornata sarebbe stato sprecato.
"**Va'** a lavarti, tra poco si **va**."
In fretta e furia si lavò quel tanto che bastava ad accontentare la madre, poi corse a raccogliere la sua roba, il coppo per i gamberi, canna e lenza e lo spiedo. Alla Gaiola, e vicino, nell'insenatura di Trentaremi, **c'**erano pesci di scoglio, e granchi grossi così, e polpi se eri fortunato. Lui non era come quelle sceme che pensavano a starsene sdraiate al sole con **l'**olio e con la crema.
Quelle sceme erano Claudia, la cugina più grande di **qualche** anno che si dava **le** arie da quando portava il costume a due pezzi, e le sue amiche Orietta e Stefania, gemelle biondissime che quasi non si distinguevano, ma lui però le distingueva eccome!, perché Orietta gli piaceva e Stefania no. Erano state invitate anche loro alla gita, Claudia era già andata a chiamarle. [...]
La madre aveva sistemati i panini nel cesto, e Tonino pensò al pane e al salame [...] **C'**erano nel cesto anche **le** uova sode. Tonino prese **un** uovo, lo tenne tra **l'**indice e il pollice e lo osservò. Era bello **un** uovo, davvero bello, possibile che non se ne era mai accorto prima? E più lo guardava più era attratto da quella forma così semplice ma di una perfezione indicibile.

"Mamma, <u>un</u> uovo può essere bellissimo, non trovi?"
"Perché no?"
"Io lo trovo stupendo," disse con molta serietà. [...]
"[...] Lo sai perché si dice che uno cerca il pelo <u>nell'</u>uovo? Perché un pelo <u>nell'</u>uovo non ci può essere! <u>Un</u> uovo è perfetto, ecco perché!"

Elisione obbligatoria:
- *dall'azzurro* (riga 6);
- *c'erano* (righe 14, 21);
- *l'olio* (riga 15);
- *l'indice* (riga 22);
- *nell'uovo* (riga 28: due volte).

Elisione facoltativa:
- *s'era alzata / si era alzata* (riga 3);
- *nell'insenatura / nella insenatura* (righe 13-14);
- *lo osservò / l'osservò* (righe 22-23);
- *se ne era accorto / se n'era accorto* (riga 23).

Troncamento obbligatorio:
- *nel buio* (riga 1);
- *sul muro* (riga 2);
- *un geroglifico* (riga 2);
- *un pezzo* (riga 3);
- *col cuore* (riga 4);
- *dal letto* (riga 4);
- *del Vesuvio* (riga 6);
- *del cielo* (riga 6);
- *al tramonto* (riga 9);
- *un minuto* (riga 10);
- *quel tanto* (riga 12);
- *al sole* (riga 15);
- *nel cesto* (riga 21);
- *al pane* (riga 21);
- *al salame* (riga 21);
- *un uovo* (righe 22, 23, 25, 29),
- *un pelo* (riga 28).

Troncamento facoltativo:
- *Va' a lavarti / Vai a lavarti* (riga 11).

14 **Descrizione attività:** gli studenti individuano gli errori nelle frasi e indicano qual è la forma corretta.

Risposte:
1. Roberto non era più **disponibile** ad **avallare** le idee della sorella, tanto più che i loro rapporti erano un **po'** tesi.
2. È mai **possibile** che in questa casa prima o poi si rompa tutto? Il tostapane si è bruciato e il frigorifero non **sta** funzionando.
3. La risposta è **insoddisfacente**: il candidato non ha **conoscenze approfondite** e **finora** non ha dimostrato padronanza nella materia.
4. **Di'** ai tuoi amici che quel **signore** gioca a tennis meglio di loro.
5. Ho visto l'**avvocato** in **tribunale**.
6. Vorrei che tu dessi il tuo **indirizzo** ai ragazzi.

15 **Descrizione attività:** gli studenti leggono il testo e correggono gli errori.

Risposte:
<u>L'</u>anno scorso abbiamo **organizzato** le vacanze a maggio: siamo andati in **un<u>'</u>agenzia** di **viaggi**, abbiamo visto vari tipi di cataloghi e abbiamo scelto una vacanza all'insegna dell'**avventura** e del divertimento. Abbiamo prenotato un viaggio safari in Africa: è stata una vacanza veramente **emozionante**, abbiamo visitato tante oasi naturali, abbiamo **organizzato** delle gite speciali per andare a fotografare **qualche** animale che vive nelle riserve, abbiamo trascorso alcune notti in una **specie** di **accampamento** insieme a delle bravissime guide che la sera, sotto il **cielo** stellato, ci hanno **raccontato** storie meravigliose sugli usi e costumi delle **tribù** locali. Siamo ritornati entusiasti e **ricchi** di tanti bei ricordi.

16 **Descrizione attività:** gli studenti individuano gli errori più frequenti nella loro lingua, fanno degli esempi e li spiegano alla classe.

Risposte libere.

Lettura pag. 76

Quali sono le difficoltà che si incontrano maggiormente nello studio della lingua italiana?

Argomento: il testo descrive le principali difficoltà degli studenti stranieri nell'apprendimento della lingua italiana.

Suggerimenti: l'insegnante può integrare l'argomento con altri testi o esempi.

Attività pag. 77

17 **Descrizione attività:** gli studenti individuano e correggono gli errori presenti nella lettera.

Risposte:
L'amore, che pazienza...
Gent. Signora Ciuti, sono una ragazza orientale e voglio chiederle una cosa: **la priorità** della vita per gli uomini italiani **sono** i soldi o l'amore? Io **mi** sono trasferita dal mio paese per il mio ragazzo e il nostro rapporto continua **da** più di 7 anni, ma lui non vuole sposarsi anche se ha compiuto 35 anni. Mi dice: che cosa **si** può fare senza soldi? Lavora tanto,

ma **si** preoccupa del futuro perché non è sicuro **di** quanto tempo può lavorare così e poi **perché** non potrà avere una pensione **dopo aver lavorato per** lungo tempo **come precario**. Ci vuole una grande pazienza **per** innamorarsi di un italiano?

18 **Descrizione attività:** gli studenti individuano gli errori presenti nel testo, li classificano a seconda che riguardino l'ortografia, la morfosintassi o il lesssico e scrivono accanto ogni forma sbagliata la corrispondente forma corretta.

Risposte:

ERRORI ORTOGRAFICI:
- *stragnieri* (riga 1) ➔ stranieri;
- *provanno* (riga 1) ➔ provano;
- *abastanza* (riga 2) ➔ abbastanza;
- *perche* (righe 2, 5, 6) ➔ perché;
- *passegiata* (riga 3) ➔ passeggiata;
- *felicita* (riga 5) ➔ felicità;
- *sta mattina* (righe 6-7) ➔ stamattina.

ERRORI MORFOSINTATTICI:
- *io visto* (riga 1) ➔ io ho visto;
- *tanti persone* (riga 1) ➔ tante persone;
- *con lingua italiana* (riga 2) ➔ in lingua italiana;
- *Penso, tutti fanno* (riga 2) ➔ Penso che tutti facciano;
- *per studiare lingua* (righe 2-3) ➔ per studiare la lingua;
- *dal finestra* (riga 3) ➔ dalla finestra;
- *questo lezione* (riga 4) ➔ questa lezione;
- *Penso, per mia felicita mi mancano* (riga 5) ➔ Penso che per essere felice mi mancano;
- *miei genitori* (riga 5) ➔ i miei genitori;
- *miei amici* (riga 5) ➔ i miei amici;
- *Anche penso adesso cosa fa* (riga 6) ➔ Adesso penso anche a cosa fa;
- *ho portato in asilo nido* (riga 7) ➔ l'ho portato all'asilo nido;
- *voglio incontrarci con mio bimbo* (riga 7) ➔ voglio incontrarmi con il mio bimbo.

ERRORI LESSICALI:
- *più presto* (riga 7) ➔ prima.

Lettura pag. 78-79

Alcuni errori tipici suddivisi per principali aree linguistiche

Argomento: il testo descrive alcuni errori tipici relativi ai parlanti di diverse aree linguistiche.

Suggerimenti: l'insegnante può integrare il testo con altri esempi.

Attività pag. 80

19 **Descrizione attività:** gli studenti provano ad aggiungere all'elenco degli errori contenuto nel testo precedente altri errori tipici relativi a una delle aree linguistiche esaminate.

Risposte libere.

20 **Descrizione attività:** gli studenti spiegano qual è stato il percorso della loro formazione linguistica in italiano e gli ambiti della lingua in cui hanno incontrato maggiori difficoltà.

Risposte libere.

21 **Descrizione attività:** gli studenti a coppie dicono quali sono gli errori più ricorrenti che ancora fanno in italiano e quali sono i dubbi che hanno più frequentemente; cercano poi di risolvere i loro dubbi con l'aiuto dell'insegnante o di strumenti come il dizionario e la grammatica.

Risposte libere.

22 **Descrizione attività:** gli studenti realizzano una serie di attività sugli errori ortografici per una ipotetica classe di apprendenti stranieri di livello avanzato.

Risposte libere.

Suggerimenti:
- Elaborare frasi contenenti errori che devono essere individuati e corretti:
  1. *Dami il libro, per favore!* ➔ *Da<u>mm</u>i il libro, per favore!*
  2. *Ho mangiato un'uovo e un arancia.* ➔ *Ho mangiato <u>un u</u>ovo e <u>un'a</u>rancia.*
  3. *La fibia della cintura non chiude bene.* ➔ *La fi<u>bb</u>ia della cintura non chiude bene.*
- Proporre un articolo di giornale o un brano letterario in cui alcune parole sono scritte in una forma corretta e in una forma sbagliata; lo studente deve sottolineare quale delle due forme è quella giusta:
  Li hanno <u>strizzati</u>/strizati in quel tavolino con i sottopiatti di carta da macielleria/<u>macelleria</u>, in mezzo al bordello. Delia ha ancora la borsa atacatta/<u>attaccata</u> alla spalla. Guarda la coppia anziana, seduta pochi tavoli più in <u>là</u>/la. Era lì che le sarebbe piaciuto stare, in quel/<u>quell'</u>angolo più appartato. La schiena protetta, a ridosso del muro. (da M. Mazzantini, *Nessuno si salva da solo*, Mondadori, Milano, 2011)
- Elaborare cloze da riempire con parole scritte correttamente:
  ermellino/ermelino, *fasce/fascie*, *blù/blu*

Il re aveva un vestito ______ a righe, una pelliccia di __________ e uno strascico lungo e pesante; la regina indossava un vestito con delle _________ di raso in vita e un grosso cappello che le copriva entrambe le sopracciglia.

Soluzioni:

Il re aveva un vestito ***blu*** *a righe, una pelliccia di* **ermellino** *e uno strascico lungo e pesante; la regina indossava un vestito con delle* ***fasce*** *di raso in vita e un grosso cappello che le copriva entrambe le sopracciglia.*

– Elaborare testi in cui compaiono errori tipici di un'area linguistica specifica che devono essere individuati e corretti:

Ciao Maria,
te escribo da Roma, una citta estupenda! Ho andato a vedere il Colosseo e mi ha piaciuto de matti. Por sicuro vado a andare un altra volta! Estudio molto qui, especialmente la sera: cuando sto libero, pero, vado a pasegiare e a divertirme!
Escribemi presto, por favore!
Andreas

Soluzioni:

è uno studente spagnolo.

Ciao Maria,

te escribo (= ti scrivo) *da Roma, una citta estupenda* (= città stupenda)*! Ho andato* (= sono andato) *a vedere il Colosseo e mi ha piaciuto* (= è piaciuto) *da matti. Por sicuro* (= Di sicuro) *vado a andare* (= *andrò*) *un altra* (= un'altra) *volta! Estudio* (= studio) *molto qui, especialmente* (= specialmente) *la sera: cuando* (= quando) *sto* (= sono) *libero, pero* (= però)*, vado a pasegiare* (= passeggiare) e *a divertirme* (= divertirmi)*!*

Escribeme (= scrivimi) *presto, por* (= per) *favore!*

Andreas

Riepiloghiamo

pag. 81

Gli studenti leggono in sintesi gli argomenti che hanno studiato nel corso dell'unità.

Approfondiamo

pag. 81

In questa sezione gli studenti trovano delle indicazioni utili per approfondire gli argomenti studiati. I suggerimenti proposti mirano a offrire all'insegnante ulteriori spunti didattici per l'ampliamento delle attività.

Unità 4

Lettura... che passione pag. 82

Lettura pag. 82

Che cos'è un testo?

Argomento: il brano descrive le caratteristiche fondamentali di un testo.

Suggerimenti: prima di leggere il contenuto del brano, l'insegnante può chiedere agli studenti di rispondere alla domanda del titolo sulla base delle loro competenze e dei loro studi. Dopo la lettura, l'insegnante può analizzare i principi costitutivi del testo, fornendo per ciascuno di essi esempi al riguardo e stimolando gli studenti a proporne altri.

Attività pag. 83

1 **Descrizione attività:** gli studenti leggono le varie frasi e indicano quali sono i testi ben formati.

Risposte:
1, 4, 8.

2 **Descrizione attività:** gli studenti leggono l'articolo e per ogni capoverso suggeriscono un titolo; poi danno un titolo all'intero articolo (il titolo originale dell'articolo è: "Anfore e statue, il tesoro nascosto nei depositi").

Risposte libere.

Lettura pag. 84-86

La coesione testuale

Argomento: il brano spiega il concetto di coesione testuale e indica i vari mezzi (grammaticali e lessicali) di cui la lingua si serve per collegare le parti di un testo.

L'accordo grammaticale

Argomento: il brano descrive come avviene l'accordo grammaticale tra i diversi elementi di un testo.

I coesivi: la ripetizione, la sostituzione, l'ellissi

Argomento: il brano descrive i diversi strumenti per garantire la continuità del discorso: la ripetizione di un elemento già nominato; la sostituzione di un elemento con una forma grammaticale (come un pronome o un possessivo) o con una forma lessicale (come un sinonimo, un iperonimo o un nome generale); l'ellissi, cioè la mancata ripresa di un elemento già nominato, facilmente ricavabile dal contesto.

I connettivi

Argomento: il brano indica quali elementi rientrano nella categoria dei connettivi e spiega la funzione di collegamento svolta dai connettivi all'interno del testo.

Le funzioni dei connettivi

Argomento: la tabella presenta i diversi tipi di connettivi, descrivendone le funzioni e fornendo alcuni esempi al riguardo.

Attività pag. 87-88

3 **Descrizione attività:** gli studenti sottolineano nel brano i coesivi relativi al personaggio di Pietrino e segnalano con un asterisco i punti in cui è stata operata un'ellissi del nome di Pietrino.

Risposte:

Il figlio piccolo dei vicini

Quando Pietrino è nato, eravamo già qui. Ricordo il bisbiglio e la culla nella stanza sotto il tetto e la finestra da cui si vede la distesa di macchia e all'orizzonte un pezzetto di mare blu. **Pietrino** è nato d'estate e la **sua** culla era riparata dal velo della zanzariera. La finestra era aperta e soprattutto la sera, la brezza portava dentro i profumi della terra e del mare e si stava a vegliare **il bambino** senza accendere la luce, nella cameretta che al tramonto diventava arancione e poi violetta e poi fosforescente, illuminata soltanto dalla luna. E sempre bisbigliando, nonna Elena, che allora era ancora viva, e mamma, che non era malata, e la nonna dei vicini, e la mamma dei vicini, rievocavano le altre nascite. [...] Tutto era magico e felice. Ma poi i vicini si sono dimenticati di **Pietrino**, o meglio, non si sono dimenticati, semplicemente non hanno fatto per **lui** più nulla di speciale. Niente bisbigli. Niente racconti. [...] Adesso **Pietrino** non dorme più nella stanzetta sotto il tetto, che deve essere perfettamente in ordine per la loro nonna quando viene ospite dal paese, ma con i fratelli. ***Si** canta la ninnananna **da solo**, tutte le notti, e ***si** dondola, sempre **da solo**, e i fratelli **gli** lanciano i cuscini e minacciano di soffocar**lo** se il cerimoniale notturno del **piccolo** tira troppo per le lunghe. Ma **Pietrino** ha il **suo** mondo e *non ha bisogno di nulla. *Neppure dei giocattoli. E al fratello grande, quando torna da Parigi, *chiede di portar**gli** qualcosa. Ma *non sa che cosa. Neppure il fratello grande lo sa.

4 **Descrizione attività:** gli studenti individuano i connettivi presenti nell'articolo e spiegano la funzione che svolgono nel testo.

Risposte:

Un anno senza contanti: ecco come si vive solo di shopping online
L'esperimento ricorda gli azzardi dei sociologi chiusi per mesi in grotte o capsule sottomarine. **Stavolta** (*indica una circostanza temporale*) **però** (*indica un contrasto*) Francesca Sassoli e suo figlio Filippo di tre anni, con il cane Back, vivranno all'aria aperta. **Ma** (*indica un contrasto*) per un anno compreranno tutto online. Un'esistenza fatta solo di e-commerce, di acquisti via-web, per soddisfare ogni bisogno. Dalla spesa ai viaggi, passando per cene, libri, dischi, vestiti. Progetto ambizioso cominciato il 22 giugno con il patrocinio del Consorzio del Commercio Elettronico Italiano Netcomm che sta portando la Sassoli, giornalista di professione (lavora a un sito) a toccare con mano limiti e magie delle transazioni digitali in Italia.
"Per una consumista compulsiva come me è un'impresa difficile – ammette la Sassoli – **tanto che** (*indica una conseguenza*) molti amici erano convinti che non avrei resistito nemmeno due giorni. **Prima** (*indica una circostanza temporale*) **infatti** (*spiega o dimostra un fatto*) vedevo una cosa e la compravo. **Ora** (*indica una circostanza temporale*) devo passare per lo schermo del computer. La tecnologia **però** (*indica un contrasto*) mi sta aiutando ad avere maggiore consapevolezza negli acquisti". **Anche se** (*indica un contrasto*) con qualche privazione: niente più caffè al bar, **ad esempio** (*indica un esempio, una prova*), niente aperitivi, niente pane fresco e niente benzina, **visto che** (*indica una causa*) è impossibile acquistare un pieno online e le carte fedeltà richiedono **comunque** (*indica un contrasto e una limitazione*) alcuni passaggi attraverso la posta normale. **Eppure** (*indica un contrasto e una limitazione*) Francesca, **benché** (*indica un contrasto*) abbia dovuto rinunciare a molto, ha scoperto che su Internet c'è quasi tutto e che dover per forza consultare un sito educa a sprecare meno. "Girare senza soldi è scioccante e istruttivo allo stesso tempo", continua. "Ti costringe a goderti quel che è gratis, dalle fontanelle ai parchi pubblici, e non avendo il prodotto sotto mano al momento dell'acquisto, scegli in maniera più saggia. Ero la tipica persona che esce sempre da un supermercato con prodotti inutili. Quel che acquisto sul web, **invece** (*indica una contrapposizione*), è esattamente ciò che mi serve".

5 **Descrizione attività:** gli studenti costruiscono dei brevi testi unendo le frasi con i connettivi appropriati.

Risposte
(si suggeriscono alcune possibili soluzioni):

1. Anche se non ci interessa molto, verremo alla conferenza sul riscaldamento globale, perché desideriamo ascoltare il professor Ricci e perché ci saranno alcuni colleghi.
2. Quando ero piccola, mio nonno mi portava al cinema a vedere i cartoni animati. Anche se non capivo benissimo la storia, mi divertivo così tanto che avrei voluto rivederli un'infinità di volte.
3. Ci sentiamo tutti cittadini europei, sebbene le decisioni del Parlamento europeo siano lontane dalla vita quotidiana della gente. Nonostante che l'Europa viva un momento di grande difficoltà, speriamo che migliorino le condizioni economiche e sociali del Vecchio continente.
4. Sono andata a fare la spesa nel nuovo supermercato, ma non ho trovato quello che cercavo; quindi, sono tornata a casa. Dopo poco sono uscita e sono andata al mio supermercato di fiducia: c'era un così grande assortimento di frutta che ho riempito il frigorifero di albicocche e pesche; comunque devo tornare a fare la spesa sabato.
5. Quando Luisa aveva otto anni, suo padre si è trasferito in una nuova città. Poiché aveva lasciato gli amici e la scuola, Luisa era molto triste. Comunque qualche volta tornava a trovare i suoi amici.
6. Dato che c'è il sole, forse vado al mare, ma non sono sicuro, perché aspetto la telefonata di Francesca. Siccome è tanto che non ci vediamo, mi piacerebbe uscire con lei. Spero che mi chiami presto, così le chiedo se vuole venire con me.

Lettura pag. 88-89

I tipi di testo

Argomento: il brano presenta i vari tipi di testo, descrivendone gli scopi e fornendone alcuni esempi.

Il testo descrittivo

Argomento: il brano descrive le caratteristiche principali dei testi descrittivi.

Attività pag. 89-91

6 **Descrizione attività:** gli studenti individuano tra i brani proposti quelli che hanno una funzione prevalentemente descrittiva.

Risposte:

1, 5.

Suggerimenti: l'insegnante può chiedere agli studenti di provare a classificare gli altri testi dell'attività: il n. 2 e il n. 4 sono testi narrativi, il n. 3 è un testo argomentativo.

7 **Descrizione attività:** gli studenti descrivono un motorino in modo diverso a seconda dei destinatari a cui il testo si sindirizza e degli scopi che s'intende perseguire.

Risposte libere.

8 **Descrizione attività:** gli studenti spiegano perché le descrizioni proposte falliscano il loro scopo e le riscrivono in modo da renderle adeguate.

Risposte:

Nella prima parte il testo ha una funzione prevalentemente descrittiva; nella seconda, invece, assume una funzione informativa, non necessaria alla descrizione stessa.

RISCRITTURA
(si suggeriscono alcune possibili soluzioni):

1. **Era una giornata freddissima: il termometro era sotto lo zero, il vento portava nuvole minacciose cariche di neve, le strade erano una lastra di ghiaccio. Sembrava di essere in montagna durante l'inverno, quando il ghiaccio si ispessisce e forma uno strato compatto e duro.**
2. **Mi piace questo vestito: è proprio quello che desideravo per il mio matrimonio. È bellissimo! Lungo, di seta, con le maniche trasparenti e uno scollo rotondo che esalta il viso. Il ricamo del corpetto è meraviglioso: si basa su un modello antico della tradizione del Nord Europa. Indossare questo abito mi fa sentire come la figlia di una famiglia ricca di un tempo: infatti, è un vestito simile a quelli che venivano prodotti nel XVI secolo nelle Fiandre.**

9 **Descrizione attività:** gli studenti individuano nel brano dei *Promessi sposi* di Alessandro Manzoni le parti descrittive e provano a riscriverle con parole proprie.

Risposte:

Parti descrittive: dalla riga 1 alla riga 7.

RISCRITTURA
(si suggeriscono alcune possibili soluzioni):

Questa era una grande stanza: su tre pareti erano appesi i ritratti dei dodici imperatori dell'antica Roma; sulla quarta c'era un grande scaffale pieno di libri vecchi e impolverati. In mezzo alla stanza era sistemata una scrivania piena di documenti, richieste, atti giudiziari, provvedimenti, con tre o quattro sedie intorno; da una parte c'era una grande sedia munita di braccioli, con una spalliera alta e squadrata, guarnita in alto negli angoli da due decorazioni di legno che si allungavano a forma di corna, coperta di pelle, con grandi borchie, alcune delle quali erano cadute da molto tempo e lasciavano liberi gli angoli del rivestimento che in alcuni punti si raggrinziva.

Suggerimenti: l'insegnante può invitare gli studenti a parafrasare anche l'ultima parte del brano, che appartiene alla tipologia del testo narrativo.

10 **Descrizione attività:** gli studenti descrivono il mercato della propria città.

Suggerimenti: gli studenti potrebbero svolgere questa attività anche elaborando un testo scritto; in classe potrebbero poi leggere le loro produzioni, accompagnandole con foto o immagini varie. La classe potrebbe quindi decidere quali siano le produzioni migliori, motivando le proprie scelte al riguardo.

Lettura pag. 91-92

Il testo narrativo

Argomento: il brano descrive le caratteristiche principali dei testi narrativi.

Attività pag. 92-95

11 **Descrizione attività:** gli studenti individuano nel racconto la situazione iniziale, la sequenza dei fatti e la conclusione della vicenda.

Risposte:

Situazione iniziale: dalla riga 1 alla riga 11.
Sequenza dei fatti: dalla riga 12 alla riga 41.
Conclusione della vicenda: dalla riga 42 alla riga 44.

12 **Descrizione attività:** gli studenti raccontano, senza svelare il finale, un avvenimento personale o un fatto di cronaca; gli altri studenti dovranno ipotizzare come la vicenda si sia conclusa.

Suggerimenti: gli studenti possono formulare le loro ipotesi di conclusione della vicenda anche sotto forma di testi scritti: ciascuno studente legge il proprio finale della storia; poi la classe stabilisce quale sia il finale più verosimile e quale quello più curioso.

13 **Descrizione attività:** gli studenti leggono il brano tratto dal romanzo *Niente e così sia* di Oriana Fallaci e distinguono le parti narrative, le parti descrittive e i dialoghi.

Risposte

(testo sottolineato = parti narrative; testo in neretto = parte descrittive; testo non evidenziato = dialoghi):

Pomeriggio. La battaglia avvenne tre giorni fa. Cominciò alle 9 nove del mattino e andò avanti fino alle 6 del pomeriggio, senza un minuto di sosta. **La 1383 è una collina ripida, a punta, coperta da una fitta vegetazione di alberi, liane, bambù** e il capitano Scher incitava la sua compagnia a fare presto, ma i soldati procedevano lenti perché ad ogni passo incontravano una trincea nordvietnamita. **Eran trincee fatte bene, con gran senso strategico. Partivano dalla cima e scendevano giù a spirale, come quando si sbuccia un'arancia in un nastro. Quei cerchi concentrici erano uniti tra loro con sottopassaggi, i più vecchi avevan 6 mesi**: da giugno i soldatini gialli scavavano zitti, sotto gli occhi degli americani, e gli americano non s'eran accorti di nulla. **Le trincee erano piccole perché i vietnamiti son piccoli e gli basta pochissimo spazio: ciò rendeva ancor più difficile l'individuarle**. Te le trovavi addosso, col fuoco, ed era ormai tardi. Il capitano Scher e i suoi uomini avanzavano con quell'angoscia, aggrappandosi a ogni macchia, ogni arbusto, scivolando, cadendo, e la conquista di un albero era già una vittoria. Per andare da qui a quel bambù, quanti metri saranno, 15 al massimo, ci mettevano un'ora, due ore. Verso le 3 del pomeriggio il capitano pensò di non farcela e chiese l'intervento dell'aviazione, col rischio d'essere bombardato anche lui. Arrivarono i Phantom, scaricarono sulle trincee quintali di napalm: trasformati in torce, i soldatini gialli sparavano coi fucili agli aerei. Dopo, però, l'attacco si svolse più in fretta. E in capo a due ore il capitano era qui, sulla cima.

È la cima più alta di queste colline. Da qui si domina l'intera vallata, ecco laggiù la pista ed il campo, il fiume che si stende ondulato come in un acquarello cinese. Ci son venuta col capitano Scher in elicottero, sennò a piedi avremmo trovato mine e vietcong. L'elicottero non s'è neanche posato, s'è abbassato e basta, per scendere abbiamo dovuto saltare. Prima che saltassi il capitano m'ha detto: "Attenta a non cadere lì". Ma io ho calcolato male le distanze e son caduta proprio lì, affondando su un oggetto molle: il cadavere di un nordvietnamita, appena coperto di terra. I cadaveri qui sono dovunque, in tre giorni ne han sepolti appena 60. Il fatto è che per quelli rimasti dentro le trincee il lavoro è semplice: prendi una vanga e via. Ma per quelli sparsi su e giù ci vuol tempo. [...] **Il capitano ha 36 anni ed è bello come Tyrone Power quando Tyrone Power era bello**. Da mesi non vede una donna. Per tal ragione, credo, s'è disturbato a portarmi quassù, e mi guarda fisso negli occhi, e quando c'è un ostacolo mi tende una mano con infinita dolcezza, e sul mio gomito le sue dita indugiano qualche momento più del necessario. Inconsapevolmente, però. Se lo sapesse, ne arrossirebbe. È inconsapevole anche della sua contentezza per la vacanza che gli è capitata col nostro arrivo. E così ce ne andiamo per la collina, io e il capitano, scavalcando obici vuoti, lamiere contorte, pestando fasce macchiate di sangue, pallottole: ma lui è così felice di avere accanto una donna. Non si accorge nemmeno che **questa donna puzza di sudore, ha la faccia sporca, è vestita come un soldato. Lui la vede vestita d'azzurro, profumata, pulita, e la guida fra quei cadaveri come la guiderebbe su un prato di margherite**. Dovessi morire stasera, ecco, morirei pensando che ho regalato un'illusione a quest'uomo: tre giorni dopo l'inferno, gli ho regalato una passeggiata su un prato di margherite.

"Attenta... mi dia la mano... Ecco, così. Qui si cammina meglio..." E sotto i suoi piedi fioriscono le margherite della fantasia. O della disperazione? Perché questa, capitano, non è una margherita. Questo è, anzi era, un uomo. Guardalo bene, capitano. [...]

"Capitano..."

Il capitano mi lascia il braccio. Solleva l'elmetto, si passa le dita fra i capelli, riassesta l'elmetto, sospira.

"Dio che cosa schifosa è la guerra: lo lasci dire a me che sono un soldato. Dev'esserci qualcosa di sbagliato nel cervello di quelli che si divertono a fare la guerra, che la trovano gloriosa o eccitante. Non è nulla di glorioso, nulla di eccitante, è solo una sporca tragedia sulla quale non puoi che piangere. Piangi su quello cui negasti una sigaretta e non è tornato con la pattuglia, piangi su quello che rimproverasti e ti si è disintegrato davanti, piangi su lui che ha ammazzato i tuoi amici..."

Indica il cadavere.

"Tre me ne ha ammazzati, lui. Con una granata sola. Era nascosto dietro a questa macchia e loro non l'hanno visto. Lui invece poteva guardarli in gola fino alle tonsille."

"E lui chi l'ha ammazzato, capitano?"

"Io."

"Lei?"

"Io... con una raffica, subito dopo. E magari se lo incontravo in un bar di New York lo trovavo simpatico, e mi mettevo a discuter con lui sul comunismo e sul capitalismo, e lo inviato a casa mia. Dio che cosa schifosa è al guerra." [...]

E così scompare il prato, capisci, e scompaiono le margherite, e scompare la sua contentezza, la sua vacanza, e in quel bosco scheggiato bruciato non rimane che il fetore del ragazzo giallo che uccise tre ragazzi bianchi e per questo gli bucarono il cuore. **Le labbra del ragazzo giallo sono scostate, sembra che sorrida**. Ma a cosa, mioddio? L'ultima cosa che vide fu il capitano che gli puntava addosso la sua paura e il suo mitra. E prima di quello c'era stata un'agonia di razzi, di mortai, di napalm, prima ancora c'era stata l'attesa, nel freddo, c'eran state le funi con cui legare i compagni che sarebbero morti, c'eran stai quei mesi a scavar le trincee, nel silenzio, nel buio. E cos'altro? Dal giorno in cui era nato, forse diciotto, forse diciannove anni fa, egli non aveva visto che guerra. La guerra ai francesi, la guerra agli americani, la guerra a qualcuno che non doveva esserci, perché nel suo paese c'era sempre qualcuno che non doveva esserci, perché al diavolo il comunismo e il noncomunismo, questa collina apparteneva a lui, come le altre colline e le pianure ed i fiumi, e i tre ragazzi bianchi erano lì per rubargliela. Non ci hai pensato, capitano Scher? Non ci pensi? No, non ci pensa. Malgrado la sua umanità egli è convinto d'esser nel giusto a trovarsi su questa collina che non gli appartiene, come le altre colline e le pianure ed i fiumi, è convinto d'avere ucciso in nome della giustizia, della libertà, mi guarderebbe con stupore innocente se gli dicessi: quale giustizia, quale libertà?

14 **Descrizione attività:** gli studenti rispondono alle domande sul testo.

Risposte:

1. L'autrice adotta una narrazione soggettiva.
2. L'autrice racconta la guerra in Vietnam con crudezza, evidenziando le sofferenze che il conflitto provoca in entrambi gli eserciti (quello statunitense occupante e quello vietnamita che deve difendersi).

15 **Descrizione attività:** gli studenti descrivono i due protagonisti del brano letto, mettendo in luce i loro tratti psicologici e il loro atteggiamento verso la tragedia della guerra.

Lettura pag. 95-96

Il testo espositivo

Argomento: il brano descrive le caratteristiche principali dei testi espositivi.

Attività pag. 96-97

16 **Descrizione attività:** gli studenti scrivono il proprio curriculum, seguendo le indicazioni date.

Risposte libere.

17 **Descrizione attività:** gli studenti, dopo aver simulato una riunione di lavoro o di condominio, redigono il relativo verbale, seguendo le indicazioni date.

Risposte libere.

18 **Descrizione attività:** gli studenti scrivono una lettera formale, seguendo le indicazioni date.

Risposte libere.

19 **Descrizione attività:** gli studenti elaborano una relazione su un'esperienza di studio o di lavoro, seguendo la scaletta indicata.

Risposte libere.

20 **Descrizione attività:** gli studenti scelgono un testo espositivo di carattere specialistico e cercano di sostituire i termini tecnici con sinonimi di uso comune.

Risposte libere.

21 **Descrizione attività:** gli studenti osservano le tabelle contenenti una serie di dati sulla presenza degli immigrati in Italia e poi elaborano un testo scritto basato sulle informazioni lette.

Suggerimenti: l'insegnante può far leggere in classe gli elaborati in modo da valutare insieme agli studenti se i testi sono sufficientemente informativi.

Lettura pag. 98

Il testo argomentativo

Argomento: il brano descrive le caratteristiche principali dei testi argomentativi.

Attività pag. 99-101

22 **Descrizione attività:** gli studenti leggono l'articolo e individuano il problema, la tesi, gli argomenti a sostegno della tesi, le obiezioni e la conclusione.

Riposte:

PROBLEMA (righe 1-7): tutti concordano sul fatto che l'istruzione è cruciale per la vita e per il lavoro ma, nello stesso tempo, la professione degli insegnanti perde prestigio. [...] Da noi è certamente vero che il mondo della scuola esprime insegnanti di straordinario valore, veri professionisti. È però altrettanto vero che esistono anche troppi "impiegati" demotivati e con scarse ambizioni professionali.

TESI (righe 7-10): È allora essenziale che si superi il tabù della fittizia uniformità professionale di quasi un milione di addetti perché è vero che tutti gli insegnanti fanno lo stesso lavoro, ma non è vero che tutti lo facciano allo stesso modo e con gli stessi risultati.

ARGOMENTI A SOSTEGNO DELLA TESI (righe 10-18): L'esistenza di un sistema premiante, per meriti e/o per diversi livelli professionali, stimolerebbe molti degli insegnanti in forza a migliorare e, cosa altrettanto decisiva, motiverebbe nuove leve di qualità a intraprendere questa professione. [...] dalla ricerca, realizzata da Nomisma nel 2008, emerge che quasi due terzi degli insegnanti sono oggi favorevoli all'introduzione del merito e ai meccanismi di carriera per differenziare la retribuzione.

OBIEZIONI (righe 18-24): Ma la valutazione del merito degli insegnanti costituisce un nodo complesso perché deve tenere conto di una molteplicità di fattori: la competenza disciplinare e quella didattica, la capacità di valutare gli studenti, la collaborazione alla vita collegiale della scuola, le relazioni con gli studenti, con le famiglie e altro ancora. Come si vede, un mix di variabili non misurabili in modo oggettivo. L'apprezzamento di tale professionalità sarebbe costoso e problematico se realizzato da parte di soggetti esterni rispetto al contesto della singola scuola.

CONCLUSIONE (righe 26-40): L'obiettivo sembra dunque quello di individuare procedure per far emergere quello che è già noto: la "reputazione" dei meritevoli, che, beninteso, dovrebbe essere documentata e comprovata con la massima trasparenza. [...] Per concludere, una proposta: anziché estenuanti dibattiti, non sarebbe saggio, per evitare costosi errori, prendersi il tempo necessario per sperimentare nel contesto italiano le diverse proposte su campioni rappresentativi di insegnanti e scuole? E poi, e solo poi, prendere decisioni politiche fondate su ben testate evidenze empiriche e anche sul gradimento del mondo degli insegnanti? Tutto ciò purché i decisori pubblici e i sindacati abbiano chiaro che nessun modello di valutazione sarà mai perfetto: bisognerà saggiamente scegliere il meno imperfetto avendo chiaro che il più iniquo e il meno efficace è l'attuale egualitarismo inflitto a un popolo di quasi un milione di operatori le cui energie e potenzialità vanno invece liberate e incentivate.

23 Descrizione attività: gli studenti discutono sulle diverse tesi proposte, trovando per ciascuna di esse tre argomenti a favore e tre contro.

Risposte libere.

Suggerimenti: la classe potrebbe essere divisa in due schieramenti che si fronteggiano sostenendo tesi contrapposte.

24 Descrizione attività: gli studenti scelgono un tema e scrivono un testo argomentativo, seguendo le indicazioni fornite.

Risposte libere.

25 Descrizione attività: gli studenti scelgono un articolo di cronaca e un articolo di opinione e li confrontano, descrivendone i temi, i titoli, il tipo di lessico, i fenomeni linguistici.

Risposte libere.

26 Descrizione attività: gli studenti scelgono un problema e si dividono in due gruppi, che sostengono tesi contrapposte; a turno espongono le proprie opinioni dando vita a un dibattito.

Risposte libere.

27 Descrizione attività: gli studenti leggono il testo e individuano la tesi, gli argomenti a sostegno della tesi e la conclusione; scrivono poi un testo in cui sostengono una tesi contraria.

Risposte:

TESI (titolo e righe 1-4): Vogliamo essere giovani. Sempre. E distruggiamo il fascino delle età. "*Quant'è bella giovinezza che si fugge tuttavia...*" cantava nel Quattrocento Lorenzo de' Medici. E prima e dopo di lui tanti altri poeti, che identificavano il fascino della giovinezza proprio nella sua brevità, proprio nel fatto che gli esseri umani in questa età apparivano come ricchi di potenzialità ancora inespresse. Oggi la giovinezza ha perso questo fascino fuggevole, non è più il simbolo di possibilità del futuro perché si sta estendendo a tutta la vita umana.

ARGOMENTI A SOSTEGNO DELLA TESI (righe 4-16) Intanto comincia in anticipo: i ragazzini di 12, 13 anni si vestono e pensano come fossero adolescenti, ascoltano la musica e vedono i film dei loro fratelli maggiori, e non leggono libri proprio come loro. Poi tende a estendersi per tutta la durata della vita: a 40 anni ci si veste come a 20, e soprattutto si vive come a 20, e tendenzialmente si vorrebbe la stessa cosa per chi ha 50, 60 e anche 70 anni. Ai medici vengono richiesti non solo miracoli di chirurgia estetica per garantirsi un aspetto immutabile, ma anche il prolungamento della vita sessuale – e, per le donne, magari anche della fertilità – fino a far scomparire la vecchiaia. Ai viaggi si chiede di offrire nuove emozioni per prolungare l'euforia che nasce dalla scoperta del nuovo che tanto contribuisce a rendere indimenticabile il periodo giovanile.
I capelli di tutti i colori, i visi immobili e inespressivi di chi vuole essere sempre giovane annullano in re-

altà l'identità individuale delle persone: si è sempre detto, infatti, che gli esseri umani, dopo i 30 anni, portano scritto sul volto chi sono.

CONCLUSIONE (righe 17-21): Diventeremo forse tutti così, maschere inespressive di persone che non hanno saputo vivere, che non hanno voluto conoscere e apprezzare ciò che ha da insegnarci ogni età della vita. Senza accorgerci che cercando di impadronirci della gioventù per renderla eterna, ne distruggiamo il fascino: in questa società di "giovani" sembra scomparire il senso profondo – proprio perché irrevocabile – del momento in cui tutte le possibilità sono aperte.

TESI CONTRARIA

Risposte libere.

Lettura pag. 101

Il testo regolativo

Argomento: il brano descrive le caratteristiche principali dei testi regolativi.

Attività pag. 102-106

28 Descrizione attività: gli studenti leggono la ricetta, descrivono com'è strutturato il testo e indicano quali forme verbali sono usate per le operazioni di preparazione del piatto.

Risposte:

STRUTTURAZIONE DEL TESTO: La prima parte del testo fornisce una serie di suggerimenti per cucinare bene: innanzitutto comprare alimenti di buona qualità, poi cuocerli in modo appropriato e fare gli abbinamenti giusti. La seconda parte descrive gli ingredienti necessari e le modalità di preparazione del piatto.

FORME VERBALI: seconda persona plurale dell'imperativo presente.

29 Descrizione attività: gli studenti scelgono un testo regolativo, lo analizzano e ne illustrano alla classe le caratteristiche.

Risposte libere.

Suggerimenti: gli studenti dovrebbero presentare alla classe testi regolativi differenti (articoli di legge, regolamenti, ricette, foglietti illustrativi di medicinali, ecc.) per avere una varietà di esempi e poterne analizzare le diverse caratteristiche.

30 Descrizione attività: gli studenti leggono i testi, individuano a quale tipologia appartengono e illustrano lo scopo che perseguono.

Risposte:

1. Testo regolativo: l'articolo 3 della Costituzione italiana regola i rapporti sociali fra i cittadini, ispirandosi ai principi di uguaglianza e pari dignità fra le persone.
2. Testo narrativo: il diario racconta le emozioni del protagonista, i suoi cambiamenti e le sue impressioni.
3. Testo descrittivo: il testo descrive come il sole illuminava la seconda piramide di Giza e quali effetti produceva sugli oggetti e sulle statue presenti all'interno.
4. Testo argomentativo: il testo sostiene la tesi che il grande scrittore russo Tolstoj possiede una capacità artistica unica nel trasferire sulla pagina scritta la vita.
5. Testo espositivo: il testo fornisce informazioni sui progressi che l'agricoltura ha compiuto negli ultimi vent'anni grazie alla biologia e alla genetica.

31 Descrizione attività: gli studenti leggono il testo di Umberto Eco e lo commentano a coppie o a piccoli gruppi.

Risposte libere.

32 Descrizione attività: gli studenti rileggono il testo e indicano a quale tipologia appartiene, quale tesi Umberto Eco intende controbattere e quali argomenti porta a sostegno della propria tesi.

Risposte:

Il testo è di tipo argomentativo, con molte parti descrittive che illustrano via via gli argomenti a favore della tesi. Umberto Eco intende controbattere la tesi che gli umanisti siano dei perdigiorno, cioè non siano professionisti seri. Per difendere la reputazione degli umanisti, lo scrittore descrive in modo dettagliato il tempo che impiega per svolgere le varie attività della sua vita, calcolando le ore dedicate al sonno, ai pasti, agli spostamenti, alle lezioni, ecc.; in questo modo dimostra, con toni ironici, che in realtà sfrutta ogni minuto del proprio tempo per lavorare seriamente.

33 Descrizione attività: gli studenti leggono il racconto di Antonio Tabucchi e lo commentano a coppie o a piccoli gruppi.

34 Descrizione attività: gli studenti realizzano una serie di attività sul testo di Antonio Tabucchi per un'ipotetica classe di apprendenti stranieri di livello avanzato.

Risposte libere.

Suggerimenti:

Per le attività di comprensione si possono realizzare:
- domande aperte; per es.: Che cosa faceva Miriam nel sogno?;
- domande a scelta multipla; per es.: La vita è: a) una banalità; b) un appuntamento; c) una scintilla;
- domande vero o falso; per es.: Miriam nel sogno è sulla montagna di Biarritz. Vero/Falso.

Per le attività di analisi grammaticale si possono:
- proporre brani di testo in cui compaiono verbi all'infinito che devono essere coniugati nella forma giusta;
- cancellare nel testo alcuni pronomi o connettivi che gli studenti devono poi reinserire al loro posto.

Per le attività sul lessico si può chiedere agli studenti di:
- trovare i sinonimi di un vocabolo; per es.: *stabilire* = definire; *affida* = consegna, dà;
- spiegare che cosa significa una parola o un'espressione; per es.: Che cosa significa *curiosità sterile*?;
- abbinare una parola a uno dei vari significati proposti; per es.: *folata* significa: a) folla; b) soffio di vento improvviso; c) luogo.

L'insegnante può proporre anche altri testi dello stesso autore o di altri autori (vedi la sezione "Approfondiamo") da utilizzare per uno sfruttamento didattico mirato all'argomento dell'unità.

Riepiloghiamo pag. 107

Gli studenti leggono in sintesi gli argomenti che hanno studiato nel corso dell'unità.

Approfondiamo pag. 107

In questa sezione gli studenti trovano delle indicazioni utili per approfondire gli argomenti studiati, non soltanto sotto il profilo linguistico, ma anche dal punto di vista cinematografico e letterario. I suggerimenti proposti mirano a offrire all'insegnante ulteriori spunti didattici per l'ampliamento delle attività.

Unità 5

"Amor ch'a nullo amato amar perdona..." pag. 108

Lettura pag. 108

Che cos'è la poesia?

Argomento: il testo descrive alcuni elementi che caratterizzano la poesia e la differenziano dalla prosa.

Suggerimenti: prima di far leggere il contenuto del testo, l'insegnante può chiedere agli studenti di spiegare, sulla base delle loro competenze, che cosa sia per loro la poesia e può anticipare alcune parole chiave o espressioni che si ritroveranno nel testo stesso (significante, suono, significato, senso, figure retoriche, "diversità" dal linguaggio comune, ecc.).

Attività pag. 108

1 **Descrizione attività:** gli studenti parlano del loro rapporto con i testi poetici.

Lettura pag. 109-116

Alcune caratteristiche del linguaggio poetico

Argomento: il testo spiega come la composizione dei versi segua un insieme di regole (la metrica) e descrive l'importanza del ritmo nel linguaggio poetico.

Il verso

Argomento: il testo descrive i diversi tipi di versi: il ternario (o trisillabo), il quaternario (o quadrisillabo), il quinario, il senario, il settenario, l'ottonario, il novenario, il decasillabo, l'endecasillabo.

La rima

Argomento: il testo descrive i diversi tipi di rima (rima baciata, rima alternata, rima incrociata, rima incatenata, rima interna o rimalmezzo) e spiega la differenza tra i versi sciolti (senza rima) e i versi liberi (non vincolati a un preciso schema sillabico e ritmico).

La strofa

Argomento: il testo descrive i diversi tipi di strofa: il distico, la terzina, la quartina, l'ottava.

I componimenti poetici

Argomento: il testo indica i diversi tipi di componimenti poetici (la ballata, la canzone, il sonetto, il madrigale, l'ode, ecc.) e descrive la struttura del sonetto.

Attività pag. 116-118

2 **Descrizione attività:** gli studenti leggono le poesie e indicano gli schemi delle rime.

Risposte:

1. ABA BCB (rima incatenata).
2. AA BB (rima baciata).
3. ABAB (rima alternata).
4. ABBA (rima incrociata).
5. ABBA CDDC EFFE (rima incrociata).

3 **Descrizione attività:** gli studenti leggono la poesia *A Zacinto* di Ugo Foscolo e ne descrivono la struttura metrica.

Risposte:

La poesia è un sonetto che si compone di quattordici versi endecasillabi raggruppati in quattro strofe: le prime due strofe sono quartine a rima alternata (ABAB ABAB), le altre due sono terzine a rima varia (CDE CED).

4 **Descrizione attività:** gli studenti completano le frasi sulla base delle notizie ricavate dalla lettura della poesia *A Zacinto*.

Risposte:

1. Foscolo è nato a **Zacinto** (attuale Zante).
2. Il luogo in cui il poeta è nato si trova **nel mare greco**.
3. Questo luogo è **un'isola dalla terra fertile, dal cielo limpido e dalla vegetazione rigogliosa.**
4. Nel momento in cui scrive la poesia Foscolo si trova **in esilio**.
5. Il futuro del poeta sarà **lontano dalla propria patria, perché il destino gli impedisce di ritornare nella terra in cui è nato**.

5 **Descrizione attività:** gli sudenti individuano nella poesia *A Zacinto* gli aggettivi che Foscolo usa con riferimento ai nomi elencati e spiegano il significato delle espressioni.

Risposte:

1. *sponde* ***sacre*** = le coste dell'isola di Zacinto verso cui il poeta nutre un grandissimo affetto e una venerazione quasi religiosa; le coste sono

sacre anche perché nel mare che le bagna nacque la dea Venere.
2. *isole* ***feconde*** = isole fertili, che producono frutti in abbondanza.
3. *nubi* ***limpide*** = nuvole chiare, quasi trasparenti, che non offuscano il cielo. L'attributo fa pensare alle nubi riflesse nelle acque limpide del mare.
4. *verso* ***inclito*** = i celebri versi.
5. *acque* ***fatali*** = i viaggi per mare voluti dal destino.
6. *esiglio* ***diverso*** = esilio che va in direzioni diverse, che porta in tanti posti diversi, che è caratterizzato da varie vicende.
7. *Itaca* ***petrosa*** = Itaca piena di petre, sassosa, rocciosa.
8. *terra* ***materna*** = terra nativa, luogo natio, patria.
9. *sepoltura* ***illacrimata*** = tomba su cui nessuno può andare a piangere, sepoltura non confortata dal pianto delle persone care.

6 **Descrizione attività:** gli studenti individuano il personaggio a cui Ugo Foscolo si paragona nella poesia *A Zacinto* e descrivono le affinità e le differenze tra l'uno e l'altro.

Risposte:

Il Foscolo si paragona a Ulisse, l'eroe dell'*Odissea* di Omero. Ulisse, grande per la fama delle sue gesta e per la forza con cui sopporta le avversità del destino, è esule ed errante alla ricerca della patria esattamente come Foscolo. L'esito dell'esilio, però, è diverso: Ulisse, alla fine delle sue lunghe peregrinazioni, potrà ritornare nella sua patria Itaca; Foscolo, invece, è destinato a restare lontano da Zante anche dopo la sua morte, sarà sepolto in terra straniera e nessuno verserà lacrime sulla sua tomba.

7 **Descrizione attività:** gli studenti analizzano la struttura sintattica dei due periodi che formano la poesia *A Zacinto*.

Risposte:

Dal punto di vista sintattico la poesia è divisa in due parti: la prima parte è costituita da un lungo periodo che si estende per ben undici versi e comprende le due quartine e la prima terzina; la seconda parte è formata da un periodo molto più breve, che occupa soltanto l'ultima terzina. Il primo periodo è caratterizzato da una sintassi ipotattica con sei proposizioni subordinate relative concatenate, le quali collegano tra loro, in un flusso ininterrotto, le immagini scaturite dal ricordo nostalgico del poeta:

- *ove il mio corpo fanciulletto giacque* (v. 2);
- *che te specchi nell'onde / del greco mar* (vv. 3-4);
- *da cui vergine nacque Venere* (vv. 4-5);
- *onde non tacque / le tue limpide nubi e le tue fronde / l'inclito verso di colui* (vv. 6-8);
- *che l'acque / cantò fatali, ed il diverso esiglio* (vv. 8-9);
- *per cui bello di fama e di sventura / baciò la sua petrosa Itaca Ulisse* (vv. 10-11).

Il secondo periodo presenta una sintassi paratattica con due proposizioni coordinate per asindeto (cioè senza congiunzioni), anche se il punto e virgola indica un legame causale tra la prima e la seconda proposizione.
Alla diversa struttura sintattica delle due parti corrispondono diversi contenuti: la prima parte esprime la nostalgia del Foscolo per il distacco dalla terra d'origine; la seconda parte riporta le amare riflessioni del poeta sul suo infausto destino.
Nel passaggio dalla prima alla seconda parte c'è anche un cambio di soggetto: il verso iniziale del sonetto ha come soggetto sottinteso "io"; il secondo periodo si apre invece con il "tu", con cui il poeta si rivolge direttamente alla sua patria.

Lettura pag. 119-125

Le figure retoriche

Argomento: il testo descrive la differenza tra significato denotativo e significato connotativo e illustra alcune figure retoriche fondamentali: la similitudine, la metafora, l'allegoria, la sinestesia, la metonima, la sineddoche, l'antitesi, l'ossimoro, la litote, l'iperbole, l'allitterazione, l'anafora, il chiasmo, il climax, l'enjambement.

Suggerimenti: l'insegnante potrebbe fornire altri esempi di versi poetici per le varie figure retoriche citate; inoltre, gli studenti potrebbero leggere in classe alcune poesie italiane e trovare le figure retoriche presenti in ogni componimento.

Attività pag. 126-138

8 **Descrizione attività:** gli studenti individuano la figura retorica presente nei versi del poeta Giambattista Marino.

Risposte:

La poesia è un susseguirsi di ossimori, cioè di espressioni formate da due parole di significato opposto: *piacevol male*, *stanco riposo*, ecc.

9 **Descrizione attività:** gli studenti individuano le sinestesie presenti nei versi e indicano quali campi sensoriali vengono accostati.

Risposte:

1. *aspro odor de i vini*: sfera gustativa (*aspro*) + sfera olfattiva (*odor*).

2. *voci di tenebra azzurra*: sfera uditiva (*voci*) + sfera visiva (*tenebra azzurra*). L'espressione *tenebra azzurra* è anche un esempio di ossimoro.
3. *odore di fragole rosse*: sfera olfattiva (*odore*) + sfera visiva (*fragole rosse*).
4. *amaro un sentore di foglie*: sfera gustativa (*amaro*) + sfera uditiva (*sentore*).
5. *nella bruma il mare odora*: sfera visiva (*bruma*) + sfera olfattiva (*odora*).

10 **Descrizione attività:** gli studenti individuano le figure retoriche presenti nei versi.

Risposte:

1. *fru fru tra le fratte*: allitterazione (*fr- fr- tr- fr-*).
2. *Ovidio è il terzo, e l'ultimo Lucano*: chiasmo (A + B / B + A).
3. *bevi un bicchier*: metonimia (il contenente per il contenuto).
4. *per cento milia perigli*: iperbole (*centomila* per *moltissimi*).
5. *S'i' fosse foco … / s'i' fosse vento … / s'i' fosse acqua, … / s'i' fosse Dio …*: anafora.
6. *e pioggia e nevi e gelo*: climax.
7. *è stato breve il nostro lungo viaggio*: antitesi (*breve – lungo*).
8. *sette vele*: sineddoche (la parte per il tutto: sette imbarcazioni a vela, sette velieri).

11 **Descrizione attività:** gli studenti individuano le metafore presenti nei versi e ne spiegano il significato.

Risposte:

1. *dolce rumore della vita*: la vita per il poeta ha un suono dolce, piacevole e rassicurante, a cui si vorrebbe abbandonare naturalmente, come si fa quando spontaneamente dormiamo.
2. *una bara di freschezza*: il mare è per il poeta una fonte di freschezza e refrigerio, che lo avvolge in modo così stretto come farebbe una bara per il corpo di un morto.
3. *mazzi di fiori… pigiati nel vaso del cranio*: le idee sono come dei mazzi di fiori: stanno nella testa così come stanno i fiori dentro un vaso che li raccoglie.

12 **Descrizione attività:** gli studenti leggono i versi iniziali della poesia *In morte del fratello Giovanni* di Ugo Foscolo e rispondono alle domande.

Risposte:

1. La parola *pietra* sta al posto di *tomba*. Si tratta di una metonimia: infatti, si sostituisce un termine che indica la materia (*pietra*) a un termine che indica l'oggetto (*tomba*). La parola *pietra* suggerisce l'idea della ruvidezza, della durezza, della freddezza: a livello connotativo ottiene l'effetto di far sentire la morte come un fatto irrimediabile.
2. Nell'ultimo verso è presente la figura retorica della metafora. Con l'espressione "*il fior de' tuoi gentili anni*" il poeta intende la giovinezza, considerata come l'età più bella e fragile dell'esistenza. Il Foscolo stabilisce un paragone tra la primavera e la giovinezza: la primavera è il periodo fiorito del ciclo annuale delle stagioni, la giovinezza è l'età fiorita del ciclo della vita.
3. L'enjambement è presente nei versi 2-3 (*s'io non andrò sempre fuggendo / di gente in gente*), nei versi 4-5 (*me vedrai seduto / su la tua pietra, o fratel mio*), nei versi 6-7 (*gemendo / il fior de' tuoi gentili anni caduto*).

13 **Descrizione attività:** gli studenti scelgono alcune poesie di un autore del loro Paese: preparano una breve introduzione che descriva la vita del poeta, il contesto culturale e storico in cui ha vissuto, la sua attività artistica; traducono poi le poesie in italiano e le presentano alla classe.

Risposte libere.

14 **Descrizione attività:** gli studenti provano a scrivere una poesia e la presentano alla classe.

Risposte libere.

Suggerimenti: durante la lettura in classe delle poesie, gli studenti si possono scambiare idee e suggerimenti sui componimenti.

15 **Descrizione attività:** gli studenti leggono i versi del quinto canto dell'*Inferno* della *Divina Commedia* di Dante Alighieri e ne fanno la parafrasi.

Risposte
(si suggeriscono alcune possibili soluzioni):

Io (Dante) cominciai a parlare con Virgilio: "Poeta, parlerei volentieri a quei due spiriti che procedono insieme, e che appaiono più degli altri in balia del vento".

E lui mi disse: "Starai attento quando si accosteranno a noi; e allora pregali che rispondano alle tue domande in nome di quell'amore che li travolge, e loro certamente verranno".

Così, appena il vento li fece deviare verso di noi, dissi: "O anime travagliate, venite a parlarci, se qualcuno (Dio) non lo vieta!".

Così come le colombe, sospinte dall'impulso amoroso, si dirigono attraverso l'aria verso l'amato nido con le ali aperte e tese, portate dal desiderio, allo stesso modo Paolo e Francesca uscirono dalla schie-

ra in cui si trovava Didone e vennero verso di noi attraversando l'aria maligna dell'inferno, tanto forte fu il mio grido affettuoso di richiamo.
Francesca disse: "O essere animato, cortese e indulgente, che vai visitando per l'aria tenebrosa dell'Inferno noi che con il nostro sangue tingemmo la terra, se il re del creato (Dio) fosse misericordioso con noi, lo pregheremmo per la tua pace, poiché provi compassione del nostro atroce tormento. A ciò che vorrai dire e ascoltare noi daremo ascolto e risposta, mentre il vento qui, come fa in questo momento, non soffia forte. La città dove nacqui, Ravenna, è situata sul mare, dove il Po discende per trovare, con i suoi affluenti, quiete. Amore, che trova rapido accesso in un cuore nobile, fece innamorare costui (Paolo) del bel corpo che mi fu tolto da chi mi uccise; e l'intensità di questo amore fu tale che ancora oggi mi lega a lui. Amore, che non permette che una persona amata non ami chi l'ama, mi fece innamorare della bellezza di costui così intensamente, che, come vedi, quell'amore ancora mi tiene a sé legata. Amore ci portò a un'unica morte. La Caina, dove sono puniti i traditori dei parenti, attende chi ci tolse la luce della vita".
Queste parole ci furono dette da loro.
Quando ascoltai le parole di quelle anime travagliate dalla pena, chinai gli occhi e li tenni abbassati così a lungo che il poeta (Virgilio) mi chiese: "A che cosa pensi?".
Gli risposi: "Ohimè, quanti dolci pensieri, quanta passione amorosa portarono questi due amanti a commettere il peccato!".
Poi mi rivolsi a loro e dissi: "Francesca, le tue sofferenze mi addolorano e mi commuovono al punto da farmi piangere. Però dimmi: quando eravate segretamente innamorati, attraverso quali indizi e in quale circostanza Amore permise che l'uno conoscesse i sentimenti dell'altra, fino allora incerti?".
E lei mi disse: "Nulla addolora di più che ripensare ai momenti felici quando si è nella sofferenza; e questo lo sa bene il tuo maestro. Ma se tu hai un desiderio così forte di conoscere la prima origine del nostro amore, parlerò come fa chi racconta mentre piange. Un giorno noi leggevamo per svago la storia di Lancillotto e di come egli si innamorò; eravamo noi due soli e non avevamo nessun presentimento di quello che sarebbe accaduto in conseguenza di quella lettura. Più volte quella lettura ci spinse a guardarci negli occhi, e ci fece impallidire; ma un unico punto fu quello che ci indusse a non resistere più alla passione. Quando leggemmo che un simile amante, il nobile Lancillotto, baciò la bocca desiderata e sorridente di Ginevra, questi (Paolo), che a me sarà eternamente legato, tutto tremante mi baciò la bocca. Il libro e chi lo scrisse svolsero una funzione analoga a quella avuta da Galeotto, il quale aveva fatto da tramite tra Lancillotto e Ginevra: quel giorno non proseguimmo oltre nella lettura".
Mentre una delle due anime, Francesca, diceva queste cose, Paolo piangeva, così che per la compassione io persi i sensi come se morissi. E caddi a terra di schianto come cade un corpo morto.

Suggerimenti: gli studenti, in piccoli gruppi, potrebbero cercare notizie sulla vita e sulle opere di Dante Alighieri in modo da mettere meglio a fuoco le tematiche presenti nel canto.

16 **Descrizione attività:** gli studenti tracciano un profilo della figura di Francesca, inquadrandola nel contesto sociale e culturale della sua epoca.

Risposte
(si suggeriscono alcune possibili soluzioni):
Francesca ha ricevuto un'educazione raffinata, appartiene a un mondo in cui si coltiva la nobiltà d'animo e l'attenzione verso i sentimenti. Di fronte a Dante, rievoca con nostalgia la sua vicenda amorosa e presenta se stessa e Paolo come vittime dell'Amore: a chi è amato non è concesso di non riamare a propria volta (*Amor ch'a nullo amato amar perdona*). Francesca si sente condannata dalla sua trasgressione, ma non ha una coscienza profonda del peccato commesso. Il suo cuore ha sentito l'amore in modo assoluto: è un cuore gentile, educato alla cortesia e alla bellezza; anche nell'Inferno il suo animo è rimasto in quella dimensione. L'amante di Paolo è una peccatrice, ma anche una donna che mostra sensibilità e profondità di sentimenti. Francesca è una figura delicata e complessa: rappresenta il simbolo di un amore che è in conflitto con la morale e i costumi dell'epoca, ma che, nello stesso tempo, appare forte e appassionato.

17 **Descrizione attività:** gli studenti indicano le cause che provocano in Dante pietà nei confronti di Paolo e Francesca; poi elencano e spiegano le espressioni che fanno riferimento a questo sentimento.

Risposte
(si suggeriscono alcune possibili soluzioni):
La pietà di Dante è causata dalla consapevolezza che Francesca non ha capito la punizione divina: la donna è vittima del costume e dell'educazione del suo tempo, è tutta tesa a raccontare la sua vicenda. Dante, invece, ha piena consapevolezza del peccato che Paolo e Francesca hanno commesso, conosce l'ambiente culturale da cui deriva, scopre dalle parole della protagonista il passo che l'ha portata alla dannazione, comprende i motivi della giustizia

divina (che sfuggono alla donna): la pietà di Dante, il suo turbamento nascono dalla considerazione della forza distruttiva del peccato e della colpa insiti nei comportamenti dei due amanti. L'incontro con un'anima vinta dal peccato e la contemplazione di quell'infelicità senza soluzione provocano la compassione, la partecipazione e la tristezza del poeta. Il profondo coinvolgimento di Dante appare nelle seguenti espressioni:

- *O anime affannate* (v. 79) = Dante si interessa subito in modo affettuoso alla condizione dei due amanti;
- *Quand'io intesi quell'anime offense, china' il viso, e tanto il tenni basso* (vv. 109-111) = Dante definisce le anime di Paolo e Francesca *offense*, cioè ferite, e si dispiace a tal punto da rimanere in silenzio a viso basso;
- *"Oh lasso, quanti dolci pensier, quanto disio menò costoro al doloroso passo!"* (vv. 112-114) = Dante è sensibile alla vicenda sentimentale di Francesca, ma si sofferma anche sul momento più doloroso della loro storia;
- *"Francesca, i tuoi martìri a lagrimar mi fanno tristo e pio"* (vv. 116-117) = i tormenti d'amore di Francesca suscitano in Dante tristezza e pietà, al punto da farlo piangere;
- *sì che di pietade io venni men così com'io morisse. E caddi come corpo morto cade.* (vv. 140-142) = La pietà e la condivisione della tragedia provocano in Dante un grande sconvolgimento al punto che il poeta perde i sensi.

18 **Descrizione attività:** gli studenti ritrovano nel canto l'anafora, la commentano e spiegano l'effetto che produce.

Risposte
(si suggeriscono alcune possibili soluzioni):
L'anafora compare nei versi 100-103-106: l'Amore è per Francesca l'unico soggetto attivo della vicenda. Il sentimento nobile dell'Amore si manifesta solo nei cuori gentili (come quelli di Paolo e Francesca) tanto da spingerli alla passione rapidamente; l'Amore non permette che chi lo riceve non lo ritrasmetta a sua volta all'amato, provocando, nel caso di Francesca, un forte desiderio e una passione assoluta che ancora è presente; l'Amore, in questo caso, conduce i due amanti alla morte (furono assassinati a tradimento da Gianciotto, marito di Francesca e fratello di Paolo, che per questo crimine sconterà poi la pena nella Caina, una delle zone in cui è diviso il nono cerchio dell'*Inferno*).

La presenza dell'anafora ribadisce le considerazioni e le posizioni di Francesca, tutte incentrate sul valore dell'Amore e sul conseguente peccato che ha portato i due amanti alla morte; Dante invece, pur capendo le sue istanze (al punto da farle ripetere più volte alla protagonista del canto), vede le limitazioni terrene dei suoi sentimenti e delle sue scelte. La ripetizione della parola *Amor* all'inizio dei versi sottolinea quindi la centralità dell'amore nella vicenda umana dei due personaggi e l'importanza che il sentimento ha avuto nello svolgimento della loro storia. L'anafora, con grande potenza, mette in risalto la parola *Amor* come soggetto delle frasi, sottolineando il ruolo dell'amore come protagonista assoluto della storia che, in questi pochi versi, viene riassunta e semplificata con estrema efficacia. Il verso 106, inoltre, termina con la parola morte, come ad indicare il triste epilogo dell'amore di Paolo e Francesca.

19 **Descrizione attività:** gli studenti commentano i famosi versi *Amor, ch'al cor gentil ratto s'apprende* e *Amor, ch'a nullo amato amar perdona*, che riassumono il significato generale della vicenda di Paolo e Francesca.

Risposte libere.

20 **Descrizione attività:** gli studenti ritrovano nel canto le espressioni con cui Francesca si riferisce a Paolo e cercano di spiegare perché Francesca non chiama mai per nome il proprio amante.

Risposte:

- *prese costui de la bella persona che mi fu tolta.* (v. 101)
- *mi prese del costui piacer sì forte.* (v. 104)
- *questi, che mai da me non fia diviso, la bocca mi basciò tutto tremante.* (v. 135)
- *Mentre che l'uno spirto questo disse, l'altro piangëa.* (v. 140)

Francesca non nomina mai Paolo in maniera diretta: nel suo racconto prevale di più la dimensione del loro amore (che viene continuamente nominato) che non i dettagli personali della figura del suo amante.

21 **Descrizione attività:** gli studenti individuano la figura retorica presente nei vv. 82-87 e la spiegano.

Risposte:
Nei vv. 82-87 Dante opera una similitudine: Paolo e Francesca sono come delle colombe, chiamate dalla voce affettuosa e partecipe del poeta. Le colombe, che vanno verso il loro nido, attraversando il cielo, sono mosse dal desiderio, dall'istinto: così Paolo e Francesca, spinti dal loro sentimento, sono come due colombe, muovendosi in modo elegante nell'aria maligna dell'Inferno.

22 Descrizione attività: gli studenti leggono il Commento di Vittorio Sermonti al quinto canto dell'*Inferno* e per ogni parola o espressione sottolineata trovano i sinonimi corrispondenti.

Risposte:

- *sedare* (riga 1): calmare, placare.
- *rancori* (riga 1): risentimenti, ruggini.
- *patteggiano* (riga 2): pattuiscono, concordano.
- *ratificarla* (riga 2): convalidarla, sancirla.
- *sciancato* (riga 3): storpio, zoppo.
- *Avendo di che temere* (riga 4): avendo motivo di temere.
- *ripulsa* (riga 4): netto rifiuto.
- *si conviene* (riga 4): si concorda, si stabilisce.
- *per procura* (riga 5): attraverso un intermediario. Il *matrimonio per procura* è quello in uno dei due sposi, non potendo essere presente personalmente, si fa sostituire da un'altra persona che agisce in suo nome e per suo conto.
- *raggiro* (riga 5): inganno, imbroglio.
- *quiproquò* (riga 6): equivoco, malinteso, fraintendimento.
- *procuratore* (riga 6): rappresentante.
- *attecchire* (riga 7): radicare, nascere.
- *favilla* (riga 7): scintilla,
- *una meraviglia d'uomo* (righe 8-9): un uomo fantastico.
- *sotto tutti i profili* (riga 9): da ogni punto di vista.
- *trepida* (riga 9): trepidante, timorosa.
- *smanie* (riga 10): desideri, voglie.
- *storpio* (riga 10): sciancato, zoppo.
- *costumata* (riga 10): morigerata, ben educata.
- *si sottopone al vincolo* (riga 10): accetta il legame matrimoniale.
- *scongiurare* (righe 10-11): evitare.
- *promiscuità* (riga 11): convivenza disdicevole.
- *a norma di* (riga 11): in conformità a, secondo.
- *inappellabilmente* (righe 11-12): indiscutibilmente, inoppugnabilmente, incontrovertibilmente.
- *alla buonora* (riga 12): una buona volta, comunque.
- *argini* (righe 12-13): barriere.
- *convenienza* (riga 13): decoro, decenza, rispetto delle regole sociali.
- *esordi* (riga 16): inizi.
- *rapinosa* (riga 16): travolgente.
- *ingiunzioni della carne* (riga 17): desideri sessuali.
- *insaziabili* (riga 17): avidi, senza essere mai appagati.
- *messo sul chi vive* (righe 17-18): allertato, messo in guardia.
- *circostanziate* (riga 18): precise, particolareggiate, dettagliate.
- *guercio* (riga 18): strabico, orbo, cieco.
- *rintuzzato* (riga 19): respinto.
- *in flagranza di bacio adulterino* (righe 19-20): nell'atto di scambiarsi un bacio illecito (perché dato all'interno di una relazione extraconiugale).
- *stoccata* (riga 20): colpo.
- *contratte* (riga 23): ridotte, riassunte.
- *mazzetto* (riga 24): gruppetto.
- *patetica* (righe 24-25): penosa, commovente.
- *funesta* (riga 25): luttuosa.
- *ricompitare* (riga 26): ricordare.
- *da principio* (riga 26): dall'inizio.
- *li interpella* (riga 29): si rivolge a loro.
- *sommo* (riga 29): grandissimo, il massimo.
- *mareggiare* (riga 31): fluttuare, ondeggiare.
- *planino* (riga 32): volino senza muovere le ali.
- *appello* (riga 33): richiamo.
- *palpitante* (riga 35): fremente.
- *abnegazione* (riga 35): dedizione.
- *precaria* (riga 38): provvisoria, temporanea.
- *circoscritta* (riga 38): limitata.
- *urlio* (riga 39): ululato.
- *a ridosso del* (riga 40): vicino al, in prossimità del.
- *marina* (riga 41): litorale, costa.
- *udienza* (riga 42): permesso di essere ascoltati.
- *smodatezza* (riga 44): esagerazione, eccessività.
- *aspirazione* (riga 45): ambizione, desiderio.
- *mulina* (riga 46): gira vorticosamente, rotea, turbina.
- *punto di granata* (riga 51): tonalità di colore rosso scuro.
- *eufemismi merceologici* (riga 52): parole del campo delle merci che attenuano la crudezza della realtà.
- *adombrare* (riga 52): esprimere in modo velato, alludere a.
- *hanno abbrunato* (riga 53): hanno resco scuro.
- *parabola* (riga 55): storia.
- *senza scampo* (riga 56): senza salvezza.
- *in ispecie* (riga 57): specialmente, soprattutto, in particolare.
- *assunto* (riga 57): tesi, asserzione.
- *Carte in tavola* (riga 58): parliamo con franchezza.
- *duplicato* (riga 66): doppione.
- *rischia l'ovvietà* (righe 67-68): corre il rischio di essere ovvia, scontata.
- *venialità* (riga 73): non gravità, peccato veniale.
- *attenuanti* (riga 74): scusanti.
- *supposta propensione* (riga 74): presunta disposizione.
- *relazione adulterina* (riga 76): rapporto illecito, relazione extraconiugale.
- *sensato* (riga 78): ragionevole, logico.
- *memorabile* (riga 78): indimenticabile.
- *perlustrazioni* (righe 79-80): ricerche.
- *corvèe della passione* (riga 80): fatiche dell'amore.
- *non sta francamente né in cielo né in terra* (righe 82-83): è assurdo, non ha nessun fondamento.
- *precettistica capziosa e velleitaria* (righe 83-84):

metodo d'insegnamento basato su regole ingannevoli e irrealizzabili.
- *vertigine* (riga 86): ebbrezza, eccitazione.
- *agonia* (riga 86): tormento.
- *supreme* (riga 87): insuperabili, sublimi.
- *perpetuandone* (riga 87): immortalandone, eternandone.
- *languide* (riga 88): struggenti, sentimentali.
- *contegnose* (riga 88): serie, misurate.
- *lancinanti* (riga 88): strazianti.

23 Descrizione attività: gli studenti esprimono le loro opinioni sul testo di Vittorio Sermonti.

Risposte libere.

24 Descrizione attività: gli studenti scrivono un commento ai versi del quinto canto dell'*Inferno* appena letti.

Risposte libere.

25 Descrizione attività: gli studenti riscrivono, come se si trattasse di un testo teatrale di oggi, il dialogo fra Dante e Francesca.

Risposte libere.

26 Descrizione attività: gli studenti scelgono alcune opere letterarie del loro Paese che trattino il tema dell'adulterio e le presentano alla classe.

Risposte libere.

27 Descrizione attività: gli studenti si dividono in due gruppi e danno vita a un dibattito sulla vicenda di Paolo e Francesca: un gruppo difende le ragioni dei due amanti, mentre l'altro condanna i loro comportamenti.

28 Descrizione attività: gli studenti leggono i versi del primo canto dell'*Inferno* della *Divina Commedia* di Dante Alighieri e ne fanno la parafrasi.

Risposte
(si suggeriscono alcune possibili soluzioni):
A metà della mia vita mi trovai a vagare all'interno di una foresta buia, perché avevo smarrito la via del bene. Ahi, quanto è difficile descrivere come era questa selva orrida, intricata e impenetrabile, che, al solo ripensarvi, suscita di nuovo in me paura! Tanto è angosciosa che solo la morte lo è di più; ma per parlare del bene che trovai nella selva, dirò anche delle altre cose che vi ho visto. Io non so riferire come penetrai dentro la selva, tanto ero assonnato nel momento in cui abbandonai la via della verità. Ma, quando giunsi ai piedi di un colle, nel punto in cui aveva termine quella valle che mi aveva trafitto il cuore di paura, guardai in alto e vidi le pendici del colle illuminate già dai raggi del sole che guida ogni uomo per la giusta strada. Allora si calmò un po' la paura che mi aveva a lungo agitato nel profondo del cuore durante la notte che io trascorsi nella selva con tanta angoscia. E come un naufrago che, con il respiro affannato, uscito fuori dal mare sulla riva, si volta a guardare fisso l'acqua nella quale aveva corso pericolo di vita, così io, che ancora fuggivo, mi volsi indietro a dare un'altra occhiata a quel passaggio che non lasciò mai viva nessuna persona. Dopo che ebbi riposato un po' il corpo stanco, ripresi il cammino per il pendio solitario, e salendo poggiavo il corpo sul piede che dei due era il più basso.

29 Descrizione attività: gli studenti realizzano una serie di attività sui primi 30 versi del canto I dell'*Inferno* per un ipotetico gruppo di partecipanti a un corso di letteratura italiana.

Risposte libere.

Suggerimenti:
Per le attività di comprensione si possono realizzare:
- domande aperte; per es.: Dove si trova Dante all'inizio del canto?;
- domande a scelta multipla; per es.: La selva è: a) insuperabile; b) dolce; c) bella;
- domande vero o falso; per es.: Dante non ricorda bene come è arrivato nella selva. Vero/Falso.

Per le attività di analisi linguistica si può chiedere agli studenti di:
- individuare e spiegare le figure retoriche presenti nei versi; per es.: *selva oscura*: metafora = il buio della coscienza caduta nell'errore e nel peccato;
- sostituire parole letterarie o desuete con sinonimi della lingua comune; per es.: *selva* = bosco; *esta* = questa; *compunto* = trafitto; *mena* = porta; *lena* = respiro.

L'insegnante può proporre anche altri testi poetici da utilizzare per uno sfruttamento didattico mirato all'argomento dell'unità.

Riepiloghiamo

pag. 139

Gli studenti leggono in sintesi gli argomenti che hanno studiato nel corso dell'unità.

Approfondiamo

pag. 139

In questa sezione gli studenti trovano delle indicazioni utili per approfondire gli argomenti studiati. I suggerimenti proposti mirano a offrire all'insegnante ulteriori spunti didattici per l'ampliamento delle attività.

Verifiche

Unità 1 pag. 141

1 **Descrizione attività:** gli studenti individuano nel testo 5 tratti tipici del parlato.

Risposte
(si suggeriscono alcune possibili soluzioni):

1. Frammentarietà sintattica, cambiamento della progettazione del discorso:
   - *Io... questo qui è sicuro che mi viene in mente...* (riga 1)
   - *però pure voi domandate... fate certe domande* (righe 5-6)
2. Frase scissa:
   - *com'è che si chiama?* (riga 3) = come si chiama?
3. Dislocazione a sinistra:
   - *questo proprio non lo so* (righe 4-5) = non so questo.
4. Dislocazione a destra:
   - *n'ho lette un sacco, di poesie* (righe 1-2) = ho letto tante poesie.
5. Segnali discorsivi:
   - *eh...* (riga 3); *insomma, vabbè, niente...* (riga 4)
6. Pause, esitazioni:
   - *aspetta un po'... fammi pensare...* (riga 1)
   - *eh... sì, Foscolo... eh, no...* (riga 3)
7. Espressioni intensificate:
   - *n'ho lette un sacco, di poesie... ma tante, una quantità bestiale...* (righe 1-2) = ho letto un gran numero di poesie.

Analisi del testo

Sul piano dell'organizzazione complessiva, la caratteristica principale del testo parlato è la segmentazione in brevi frasi giustapposte, con frequenti esitazioni, pause, interruzioni, riformulazioni, rettifiche. La presenza di questi fenomeni è l'inevitabile conseguenza di un discorso improvvisato, che riflette in superficie la continua programmazione e riprogrammazione del testo. Nel parlato la pianificazione cognitiva e la formulazione discorsiva sono quasi contemporanee: si ha perciò poco tempo a disposizione per compiere le operazione cognitive necessarie per la costruzione del discorso. Inoltre è impossibile cancellare quanto detto se non aggiungendo elementi correttivi. Questi fattori comportano che il parlante non riesca a padroneggiare perfettamente l'insieme dei suoi enunciati e a collegarli in modo organico e armonico: ecco allora che il collegamento senza congiunzioni o *paratassi* prevale sul collegamento mediante congiunzioni o *ipotassi*, che caratterizza invece il testo scritto, dove le congiunzioni definiscono esplicitamente le relazioni sintattiche all'interno del periodo e scandiscono i passaggi da una frase all'altra.

La tendenza alla frammentazione e alla segmentazione è una caratteristica del parlato che si ritrova non solo su un piano sintattico generale, ma anche all'interno delle singole frasi che compongono il testo. Consideriamo la frase iniziale: *Io ... questo qui è sicuro che mi viene in mente*. La frase si apre con un pronome soggetto, che non si lega sintatticamente a quanto detto successivamente, creando così una frattura nell'ordine sintattico dell'enunciato. Questa costruzione si chiama *anacoluto*, termine della retorica antica che significa 'struttura che non prosegue' (dal greco *anakólouthos* 'inconseguente, sconclusionato'). Questa costruzione è dovuta nel parlato appunto a una mancanza di progettazione, a una ridotta capacità di pianificazione da parte del parlante: l'elemento di spicco dell'enunciato viene collocato in prima posizione senza tener conto della struttura della frase, senza cioè considerare i rapporti con gli elementi della frase che vengono dopo. Appunto perché l'elemento iniziale rimane staccato sintatticamente dal resto della frase, si parla anche di *costruzione con tema sospeso* (il tema è l'argomento noto su cui si fonda la frase, l'argomento principale della frase). La costruzione con tema sospeso è largamente sfruttata dagli scrittori per vivacizzare lo stile e per riprodurre l'espressività del parlato: un famoso esempio manzoniano è *quelli che muoiono, bisogna pregare Iddio per loro.*

Un altro tipo di frase sospesa si riscontra nella parte finale del testo (righe 5-6): *però pure voi domandate...*

fate certe domande. Qui si ha un *mutamento di progetto*, cioè il parlante, per correggere un'impostazione del discorso giudicata inefficace, lascia a metà la prima frase e la sostituisce con la seconda. Il mutamento di progetto è un fenomeno tipico del parlato, che non si ritrova generalmente nello scritto: si tratta di una specie di "incidente di percorso" in cui incorre il parlante, che deve improvvisare con grande rapidità. Questo incidente può essere facilmente evitato nel testo scritto, che si può giovare di una più meditata elaborazione. Ciò naturalmente non vale per lo scritto che riproduce il parlato, com'è il caso dei dialoghi teatrali, dove i mutamenti di progetto sono comunque soltanto apparenti, in quanto obbediscono a una precisa volontà di imitazione del discorso orale e rispondono perciò a un consapevole progetto dell'autore.

Accanto alle frasi sospese sono frequenti nel parlato le cosiddette *frasi scisse*: per es., *com'è che si chiama?* (riga 3) al posto di *come si chiama?* In questa frase viene messo in rilievo o focalizzato l'avverbio *come*, che è seguito dalla copula *essere* e dall'introduttore *che*: un esempio analogo, molto diffuso nel parlato, è il tipo *quand'è che viene?* in luogo di *quando viene?* Un altro caso di messa in rilievo è dato dalla frase *questo proprio non lo so* (rigo 4) invece di *non so questo*. Il complemento oggetto *questo* è collocato all'inizio della frase e viene poi ripreso mediante il pronome atono *lo*. Questa costruzione prende il nome di *dislocazione a sinistra*. La dislocazione a sinistra ha la funzione di sottolineare enfaticamente un elemento diverso dal soggetto, mettendo in rilievo che quel costituente è il tema della frase. Il procedimento tendente a sottolineare che un certo elemento è il tema della frase si chiama *tematizzazione*. Oltre al complemento oggetto, la dislocazione può riguardare anche complementi indiretti (*a Mario gli darò una lezione*) o intere proposizione subordinate (*perché continuiamo a litigare non lo capisco*). Notate che mentre la frase scissa serve a evidenziare un elemento nuovo della frase (*il rema*), la dislocazione a sinistra serve a evidenziare un elemento noto (*il tema*).

La dislocazione a sinistra si differenzia dalla costruzione con tema sospeso per una particolarità sintattica: nella prima l'elemento dislocato a sinistra è accordato grammaticalmente al pronome atono con cui viene ripreso (*di Gianni ne ho molta stima*; *a Luigi gli ho prestato un libro*); nella seconda, invece, manca l'accordo sintattico tra l'elemento collocato in posizione iniziale e il pronome atono di ripresa, in quanto l'elemento iniziale non è preceduto dalla preposizione che dovrebbe indicarne la funzione sintattica (*Gianni, ne ho molta stima*; *Luigi, gli ho prestato un libro*).

Nella frase *n'ho lette un sacco, di poesie* (righe 1-2), il complemento viene invece collocato in fondo alla frase e viene anticipato da un pronome atono. Questa costruzione prende il nome di *dislocazione a destra*. Nel nostro esempio la dislocazione a destra ha origine da un ripensamento del parlante, che inizialmente si limita a dire *n'ho lette un sacco*, ma poi, rendendosi conto che la sua asserzione potrebbe essere non sufficientemente chiara per gli interlocutori, completa l'enunciato con l'aggiunta del tema *poesie*. Osservate che tra l'elemento dislocato a destra e il resto della frase c'è una pausa, segnalata nella grafia dalla virgola: questa pausa indica il ripensamento compiuto dal parlante, la sua volontà di autocorreggersi. Diverso è il caso di una frase come *non li ho i soldi*, nella quale non c'è nessuna pausa tra l'elemento dislocato e il resto della frase: in questo caso il parlante non ha avuto un ripensamento e non intende autocorreggersi, ma mira a mettere in rilievo l'elemento nuovo della frase, costituito dal predicato verbale, e nel contempo a mettere in secondo piano il tema della frase. Abbiamo quindi a che fare con una strategia discorsiva opposta a quella attuata con la dislocazione a sinistra.

Altri tratti tipici del parlato sono:

l'uso di elementi rafforzativi in unione con il pronome dimostrativo: *questo qui* (riga 1);

- l'uso della particella *ci* con il verbo *avere* (*ci* attualizzante): *ci ho un vuoto di memoria* (righe 3-4);
- l'uso della congiunzione esplicativa *cioè* (riga 4), caratteristica del linguaggio giovanile degli anni Ottanta del secolo scorso;
- l'uso di segnali discorsivi, che hanno la funzione di riempitivi di pausa ed esprimono esitazione, incertezza: *eh* (riga 3); *insomma*, *vabbè*, *niente* (riga 4);
- l'uso di sintagmi nominali di registro colloquiale per esprimere una grande quantità: *un sacco di poesie* 'un gran numero di poesie' (riga 2); espressioni simili sono: *un casino* (colloquiale), *una cifra* (romanesco), *un fottio* (volgare);
- l'uso di aggettivi enfatici: *bestiale* per 'notevole, enorme'(riga 2);
- l'uso di forme regionali: *mo* per 'adesso' (riga 3); *vabbè* per 'va bene' (riga 4).
- l'uso di parole del linguaggio familiare: *manco* per 'nemmeno, neppure, neanche' (riga 4).

Ricapitolando, possiamo dire che i due aspetti principali del parlato sono: 1) la tendenza alla frammentazione e alla segmentazione, che dipende dalla limitata capacità di pianificazione da parte del parlante; 2) la ricerca dell'enfasi, dell'evidenziazione, della messa in rilievo, che spinge a sottolineare, mediante un particolare ordine degli elementi della frase, i costituenti considerati più importanti.

2 **Descrizione attività:** gli studenti indicano a quale varietà regionale appartengono le frasi.

Risposte:

1. *Hai visto mica la Claudia?* = varietà settentrionale.
2. *Codesto mobile è molto antico.* = varietà toscana.
3. *La casa ti comprasti?* = varietà siciliana.
4. *Lo dici te.* = varietà toscana e varietà settentrionale.
5. *Ci detti il regalo a Luigi.* = varietà meridionale.
6. *Che piangi a fare?* = varietà mediana.
7. *Noi si va via.* = varietà toscana.
8. *Che stava a dire Marco?* = varietà mediana.
9. *Hanno chiamato a mia cugina.* = varietà meridionale.
10. *Stamattina tengo proprio sonno.* = varietà meridionale.

3 **Descrizione attività:** gli studenti individuano nel brano 10 tratti di italiano popolare.

Risposte
(si suggeriscono alcune possibili soluzioni):

1. Mancanza quasi assoluta di segni di punteggiatura.
2. Uso della maiuscola per la minuscola: *Patria* (righe 1, 3, 5), *Italianissimi* (riga 3); *Sola L'Italia* (riga 4), *Italiana* (riga 6), *Patronati* (riga 6), *L'Italia* (riga 9). Appare significativo che la maiuscola compaia in parole che per lo scrivente hanno un valore particolare: l'uso della maiuscola diventa quindi un modo per sottolineare l'importanza della parola.
3. Mancanza quasi assoluta di accenti e apostrofi: *e* per *è* (riga 1); *liniziativa* per *l'iniziativa* (righe 1-2); *linsicuressa* per *l'insicurezza* (riga 2); *ce ne* per *ce n'è* (riga 4); *perche* per *perché* (riga 7); *dara* per *darà* (riga 10); *eta* per *età* (righe 10-11). Chi scrive *liniziativa*, *linsicuressa* riproduce nella grafia il flusso del parlato, nel quale ovviamente non esiste la separazione dell'articolo dal nome; lo stesso discorso vale per *ne* in luogo di *n'è*.
4. Mancanza dell'*h* davanti alla terza persona plurale del presente indicativo del verbo *avere*: *anno* per *hanno* (righe 2, 5, 11). Anche in questo caso chi scrive riproduce il parlato, nel quale l'*h* è muta.
5. Riproduzione nella grafia della pronuncia regionale: *linsicuressa* per *l'insicurezza* (riga 2); *otenere* per *ottenere* (riga 6); *sicuressa* per *sicurezza* (riga 10).
6. Uso della grafia *ccqu* in luogo di *cqu*: *accquisito* per *acquisito* (righe 5-6).
7. Scambi di vocali: *foturo* per *futuro* (riga 1).
8. Caduta della vocale iniziale della parola (aferesi): *stremamente* per *estremamente* (riga 11).
9. Mancata osservanza dell'accordo grammaticale: *visto anche liniziativa* invece di *vista anche liniziativa* (righe 1-2).
10. Mancata indicazione del soggetto in un caso in cui andrebbe esplicitato: *ci anno dato* (riga 2). Lo scrivente si riferisce alle istituzioni della Svizzera, come si evince dal resto del testo.
11. Uso dell'aggettivo possessivo *suo* per *loro*: *i compatrioti ... che criticavano la sua Patria* (righe 4-5); *sanno che la sua seconda patria* (righe 7-8).
12. Uso del condizionale in luogo del congiuntivo nella protasi del periodo ipotetico: *se un giorno dovrebbero rientrare* invece di *se un giorno dovessero rientrare* (riga 8).
13. Uso del pronome atono *ci* con il valore di 'a loro': *ci dara* in luogo di *gli darà* / *darà loro* (riga 10).
14. Uso del *che* polivalente: *quando compiono i 60 anni che anno accquisito il diritto di pensione* (righe 5-6); una riformulazione in italiano standard potrebbe essere: *quando compiono 60 anni e acquisiscono così il diritto di pensione*. Di registro colloquiale è l'uso del pronome relativo *che* con valore temporale (= in cui): *in quell'eta che anno stremamente bisogno* (righe 10-11).
15. Mancanza di connettivi, cioè di elementi di collegamento tra le frasi, che sono accostate l'una all'altra senza un'accurata progettazione sintattica.

Altri tratti da segnalare, anche se non tipici dell'italiano popolare, sono:

– la dislocazione a sinistra: *i compatrioti ... li vedo* (righe 4-5);
– il superlativo dell'aggettivo *italiani* con il suffisso *-issimo*: *Italianissimi* (riga 3). Di regola, il superlativo è possibile solo con gli aggettivi che esprimono una qualità che può essere accresciuta o diminuita; gli aggettivi che hanno un significato preciso e oggettivo, non modificabile dal punto di vista dell'intensità espressiva, hanno soltanto il grado positivo: *mortale*, *immortale*, *triangolare*, *quadrato*, *sferico*, *chimico*, *psichico*, ecc. Tuttavia anche questi aggettivi possono assumere il superlativo quando sono usati per sottolineare enfaticamente il possesso di una qualità; ciò accade spesso con gli aggettivi etnici di nazionalità, regione, città: *italianissimo* = veramente italiano; *sicilianissimo* = profondamente siciliano; *napoletanissimo* = napoletano al massimo grado.

4 **Descrizione attività:** gli studenti leggono il brano, tratto dal romanzo di Carlo Emilio Gadda *Quer pasticciaccio brutto de Via Merulana* (1957), e individuano 10 tratti del dialetto romanesco.

Risposte
(si suggeriscono alcune possibili soluzioni):

1. Uso nel maschile plurale dell'articolo *li* al posto di *i* o *gli*: *Li cronisti* (riga 2), *li strilloni* (riga 4), *li*

ginocchi (riga 4), *li tempi* (riga 8), *li sorci* (riga 13), *li storcioni* (righe 19-20), *li cani* (riga 20); nelle preposizioni articolate: *co li pacchi* (riga 4), *delli eroi* (riga 17), *co li sposi* (riga 21), *co li polli* (riga 22).

2. Desinenza *-eno* per *-ano* nella terza persona plurale dell'imperfetto indicativo: *aveveno* 'avevano' (riga 2), *ereno* 'erano' (righe 7-8, 11), *se sbaciucchiaveno* ' si sbaciucchiavano' (riga 20).
3. Scempiamento della *l* nelle preposizioni articolate: *de la gente* (riga 4), *ne la svolta* (riga 6), *da la terra* (11), *de la Lungara* (riga 21); con la preposizione *con* si hanno i seguenti passaggi: *con* + *la* ➔ *colla* ➔ *co la* (riga 18).
4. Passaggio di *l* a *r* (rotacismo): *quarc'artra* 'qualche altra' (riga 7); *ar* 'al' (righe 8, 20); *er* 'il' (righe 10, 14); *quer* 'quel' (riga 18), *cor* 'col' (righe 19, 21).
5. Caduta della *-r* finale nella preposizione *per*: *pe contentino* (riga 7); *pe un pizzico* (riga 8); *pe sempre* (riga 11); *pe nun* (riga 17); *pe forza* (riga 19); *pe tutta Roma* (22). In realtà, nella pronuncia, davanti a consonante, la *r* si trasforma diventando uguale alla consonante iniziale della parola successiva (assimilazione): *pe contentino* /pekkonten'tino/. Una cosa analoga avviene anche con la preposizione *con*, in cui la *n* cade nella grafia, ma nella pronuncia si assimila alla consonante seguente: *con quel* ➔ *co quer* /kok'kwer/ (riga 18).
6. Raddoppiamento della consonante g palatale tra due vocali: *paggina* (riga 9), *Chiggi* (riga 19).
7. La vocale *e* al posto di *i* nella preposizione *de* 'di' (righe 9, 13, 14, 20, 21), nell'articolo determinativo *er* 'il' (righe 10, 14), nei pronomi atoni *se* 'si' (righe 10, 14, 20), *ve* 'vi' (riga 15), ce 'ci' (*tornacce* 'tornarci', riga 17).
8. La vocale *ò* al posto del dittongo *uò*: *po* 'può' (riga 10).
9. Caduta della sillaba finale di un verbo all'infinito (infinito apocopato): *dì* 'dire' (riga 10), *acchiappà* 'acchiappare' (riga 13), *pagà* 'pagare' (riga 14), *carcerà* 'carcerare' (riga 19), *scarpinà* 'scarpinare' (riga 22).
10. Passaggio della laterale palatale (nella grafia *gl*) a *j*: *squaja* 'squaglia' (riga 12).
11. Aggiunta di una *-e* alla fine di una parola (epìtesi): *vermutte* 'vermut' (riga 14).
12. Aggiunga di una *-a* all'inizio di un verbo che comincia con *r-* (pròstesi): *s'aricordava* 'si ricordava' (riga 15).
13. La vocale *u* al posto di *o* chiusa: *fusse* 'fosse' (righe 15, 17); *nun* 'non' (riga 17).
14. Trasformazione della *r* che diventa uguale alla consonante seguente negli infiniti con un pronome atono finale (assimilazione): *tornacce* 'tornarci' (riga 17).
15. Passaggio di *nd* a *nn* (assimilazione consonantica): *quanno* 'quando' (riga 20).
16. Il numerale *du* per 'due' (riga 21).

Unità 2

pag. 143

1 **Descrizione attività:** gli studenti individuano nella conversazione telefonica 5 tratti caratteristici del parlato e della varietà neostandard.

Risposte
(si suggeriscono alcune possibili soluzioni):

1. Uso del sintagma nominale *un sacco* con il valore dell'avverbio di quantità 'molto': *sto un sacco male* 'sto molto male' (riga 2). L'uso di sintagmi nominali con valore avverbiale (*un casino, una cifra*, ecc.) è tipico del parlato e anche del linguaggio giovanile, in cui queste forme vengono preferite per la loro maggiore forza espressiva.
2. Dislocazione a destra: *ci posso andare io dal dottore* (riga 3). L'avverbio di luogo *ci* anticipa il complemento di moto a luogo *dal dottore*: il costrutto mira a porre in evidenza l'elemento nuovo della frase, il rema (*posso andare io*), e a mettere in secondo piano l'elemento noto della frase, il tema (*dal dottore*). Altro caso di dislocazione a destra è *lo trovo Franco al lavoro* (riga 4): il pronome atono *lo* anticipa il complemento oggetto *Franco*, che rappresenta il tema della frase; la funzione pragmatica della costruzione è evidenziare il predicato verbale (*trovo*), che costituisce il rema.
3. Dislocazione a sinistra: *a me non mi costa nulla* (riga 7). Il complemento di termine *a me* è collocato all'inizio della frase e viene poi ripreso mediante il pronome atono *mi*, come accade per esempio nella frase *a me mi piace*, comunissima nel parlato. Questo costrutto è stato sempre nella scuola considerato scorretto perché si ripete due volte un pronome con la stessa funzione logica; le alternative considerate corrette erano *a me piace* e *mi piace*. In realtà la frase *a me mi piace* presenta una costruzione tipica del registro colloquiale, nella quale la ripetizione del pronome serve a mettere in evidenza che a qualcuno piace qualcosa, serve cioè a evidenziare un elemento diverso dal soggetto (il complemento di termine a *me*) e a sottolineare che quell'elemento è il tema della frase, è l'argomento principale della frase; si tratta quindi di un procedimento di evidenziazione, di messa in rilievo o, come dicono i linguisti, di tematizzazione: casi analoghi sono *a Luigi gli ho prestato un libro, di Piero ne ho molta stima, a Londra ci piove spesso*. La scelta tra *a me mi piace, a me piace, mi piace* dipende quindi dal contesto (informale o formale) e dipende dall'esigenza di evidenziare l'informazione.
4. Uso del *che* polivalente: *anche tu hai tante cose da fare coi bambini che li devi andare a prendere a scuola* (righe 8-9). In questa frase *che* svolge la funzione di congiunzione subordinante e introduce una proposizione causale (equivale quindi a 'perché, poiché'). La tendenza a usare un solo mezzo di collegamento, universale e generico, s'inquadra nel fenomeno della semplificazione, che caratterizza gli usi informali e spontanei della lingua. Si tratta di un fenomeno molto esteso, dal quale dipendono vari aspetti dell'evoluzione dell'italiano: basti pensare all'uso generalizzato dei pronomi personali *lui, lei, loro* sia in funzione di complemento sia in funzione di soggetto o al regresso del congiuntivo sostituito dall'indicativo in varie proposizioni subordinate.
5. Uso della particella *ci* con il verbo *avere* (*ci* attualizzante): *c'hai bisogno* (riga 10). Il costrutto "*ci* + *avere*" è tipico del parlato e compare anche nella stampa e nella narrativa che mira all'imitazione del parlato. Tuttavia, il *ci* attualizzante non è molto diffuso nello scritto, anche perché è difficile rendere graficamente la pronuncia palatale della *c*: la grafia *c'hai* determina la pronuncia /'kai/, la grafia *ci hai* determina la pronuncia /tʃi'ai/, mentre la pronuncia effettiva è /'tʃai/.
6. Uso di segnali discorsivi per richiamare l'attenzione della persona con cui si sta parlando: *vedi* (riga 4), in forma di inciso (*perché vedi ho provato cento volte*); *Guarda* (riga 7), all'inizio del turno di dialogo (*Guarda che a me non mi costa nulla*...).
7. Uso della voce onomatopeica *hmm* (riga 3) per esprimere dubbio, esitazione.
8. Collegamento di proposizioni coordinate per mezzo di congiunzioni ripetute (coordinazione per polisindeto): *li devi andare a prendere a scuola, e poi preparargli la merenda e poi la merenda non la vogliono e poi i compiti*... (righe 8-9).
9. Collocazione del pronome atono prima del verbo servile anziché dopo il verbo all'infinito: *li devi andare a prendere* (riga 8) invece di *devi andare a prenderli*. Nell'italiano neostandard il tipo *la trattativa si può dire conclusa* è più diffuso del tipo *la trattativa può dirsi conclusa*. Il fenomeno è chiamato con espressione tecnica "risalita dei clitici", cioè dei pronomi atoni: "risalita" perché il pronome atono "risale" dalla posizione enclitica, dopo il verbo all'infinito, alla posizione proclitica, prima del verbo servile reggente.
10. Uso dell'espressione *mi sa* 'mi sembra, ho l'impressione, penso': *mi sa che anche tu c'hai bisogno di un po' di riposo* (riga 10).

2 **Descrizione attività:** gli studenti individuano nei brani della commedia *Enrico IV* di Luigi Pirandello 5 frasi che presentano un ordine marcato dei costituenti e indicano: a) quale fenomeno linguistico è presente in ciascuna frase; b) qual è il costituente focalizzato, cioè messo in rilievo; c) se il costituente focalizzato rappresenta l'elemento noto (tema) o l'elemento nuovo (rema) della frase.

Risposte:

1. *almeno un po' d'astuzia me la voleste concedere* (righe 24-25).
   FENOMENO LINGUISTICO: dislocazione a sinistra.
   COSTITUENTE FOCALIZZATO: *un po' d'astuzia* (tema).
2. *quando di notte me le vedo davanti – tante immagini scompigliate* (righe 39-40).
   FENOMENO LINGUISTICO: dislocazione a destra.
   COSTITUENTE FOCALIZZATO: *vedo* (rema).
3. *se l'avrebbe subìta una simile sopraffazione!* (riga 48).
   FENOMENO LINGUISTICO: dislocazione a destra.
   COSTITUENTE FOCALIZZATO: *avrebbe subita* (rema).
4. *c'è uno che si affanna* (riga 59).
   FENOMENO LINGUISTICO: c'è presentativo.
   COSTITUENTE FOCALIZZATO: *uno* (rema).
5. *seguitano a farla i morti la vita?*.(riga 71)
   FENOMENO LINGUISTICO: dislocazione a destra.
   COSTITUENTE FOCALIZZATO: *seguitano a farla* (rema).
6. *Questo giorno che ci sta davanti - voi dite - lo faremo noi!* (riga 73)
   FENOMENO LINGUISTICO: dislocazione a sinistra.
   COSTITUENTE FOCALIZZATO: *questo giorno* (tema).
7. *Lo hai anche tu, ora, lo spavento negli occhi!* (riga 81).
   FENOMENO LINGUISTICO: dislocazione a destra.
   COSTITUENTE FOCALIZZATO: *hai* (rema).
8. *lo avete creduto fino ad ora che sono pazzo!* (righe 85-86)
   FENOMENO LINGUISTICO: dislocazione a destra.
   COSTITUENTE FOCALIZZATO: *avete creduto* (rema).

3 **Descrizione attività:** gli studenti individuano i fenomeni tipici dell'italiano neostandard presenti nelle frasi.

Risposte:

1. *L'hai mai vista quella ragazza?* = dislocazione a destra.
2. *C'è una persona che vuole incontrarti.* = c'è presentativo.
3. *Di Paola ne ho sentito tanto parlare.* = dislocazione a sinistra.
4. *A Stefano gli ho dato molti consigli.* = dislocazione a sinistra.
5. *La bevi l'aranciata?* = dislocazione a destra.
6. *A Milano ci vado spesso.* = dislocazione a sinistra.
7. *È a Giorgio che ho prestato un quaderno.* = frase scissa.
8. *Lo vuoi un gelato?* = dislocazione a destra.
9. *Prendi l'ombrello che piove.* = che polivalente (con valore causale).
10. *C'è un bambino che ti cerca.* = c'è presentativo.

4 **Descrizione attività:** gli studenti distinguono nelle frasi gli usi che sono accettabili nella lingua scritta (SÌ) da quelli che non lo sono (NO).

Risposte:

1. *Ho incontrato Giulia e gli ho chiesto se vuole venire al cinema con noi.* (NO)
2. *Torna domani che oggi non ho tempo.* (SÌ)
3. *Marco è arrivato che tu eri appena andato via.* (SÌ)
4. *Quello è il ragazzo che gli hanno rubato la bici.* (NO)
5. *Oggi ho visto Gianna e Paola e gli ho parlato di te.* (SÌ)
6. *Massimo ci ha ragione.* (NO)
7. *Roma è una città che ci abiterei volentieri.* (NO)
8. *Roberto è uno che ci si può fidare.* (NO)
9. *La ricevuta conservala, non buttarla.* (SÌ)
10. *L'hai già letto il giornale di oggi?* (SÌ)

Unità 3

pag. 147

1 **Descrizione attività:** gli studenti correggono gli errori contenuti nelle frasi.

Risposte:

1. Accese **un** altro fiammifero.
2. Quando mi svegliai fui **accecato** dalla luce che entrava dalla finestra.
3. Prendi un **caffè** o un tè?
4. La **conoscenza** è alla base del progresso della scienza.
5. **Qual** è il tuo libro preferito?
6. L'avvocato è un nostro **buon** amico.
7. Si rammaricava sempre perché trovava tempo per tutti ma non per **sé**.
8. Chi la **fa** l'aspetti.
9. Appoggia **qui** il pacco.
10. Luisa **va** all'aeroporto a prendere Matteo.
11. **Fa'** / **Fa** / **Fai** come credi!
12. **Sta'** / **Sta** / **Stai** calmo!
13. Non c'è **alcun** problema.
14. Devi usare un buon **collutorio**.
15. Sono **esterrefatto** per il suo comportamento.
16. Ho letto alcuni brani delle lettere di **San** Paolo.
17. C'è **qualcun** altro che non è d'accordo con me?
18. Non stare zitto, **di'** / **dì** qualcosa!
19. Niccolò **Machiavelli** è un importante scrittore italiano del Rinascimento.
20. C'è stata una brutta **colluttazione** tra i tifosi delle due squadre.

2 **Descrizione attività:** gli studenti correggono gli errori contenuti nelle frasi.

Risposte:

1. Gli operai **hanno** lavorato tutto l'anno.
2. Se mi **dessi** una mano, finirei prima il lavoro.
3. Il poliziotto cominciò a **redigere** il verbale.
4. Per **accelerare** le pratiche, oggi usiamo anche la posta elettronica.
5. La mamma voleva che la bambina **stesse** ferma.
6. Luigi non era più disposto ad **avallare** le cambiali del cugino.
7. Non mi pare che questo vestito sia **appropriato** alla circostanza.
8. **È** un libro **eccezionale**! Te lo consiglio.
9. Molte **specie** di animali sono in via di estinzione.
10. La tua **interpretazione** non mi convince.
11. Che ore sono? – Sono le **ventitré** e trentacinque.
12. Mi accompagnate per favore alla stazione? – Sì, ti **accompagniamo** volentieri.
13. I giocatori della squadra del Bologna hanno la maglia di colore **rossoblù**.
14. La **meteorologia** studia i fenomeni che si verificano nell'atmosfera terrestre.
15. Antonio ha il difetto di essere troppo arrendevole, remissivo, **acquiescente**.
16. Non fare il **birichino**, ubbidisci alla mamma.
17. Giorgio **rifà** sempre gli stessi sbagli.
18. Ci siamo conosciuti tanto tempo **fa**, quando eravamo ancora ragazzi e abitavamo nello stesso quartiere.
19. Con l'avvicinarsi del periodo di diffusione dell'influenza stagionale e del nuovo virus influenzale, il Ministero della Salute ha ritenuto opportuno informare la popolazione su alcune misure **igieniche** da adottare per ridurre il rischio di contagio.
20. L'**efficienza** degli impianti potrebbe consentire di ridurre notevolmente i costi di produzione delle merci.

3 **Descrizione attività:** gli studenti spiegano le cause degli errori.

Risposte:

1. CORRETTO: **blu**. - SBAGLIATO: blù.
   CAUSA DELL'ERRORE: si commette l'errore di segnare l'accento sulla vocale *u* per analogia con la grafia di monosillabi come *più*. Su *blu* l'accento non si segna perché non c'è la possibilità di una diversa pronuncia, mentre su *più* l'accento ha la funzione di segnalare che la vocale tonica è *u* e non *i*.

2. CORRETTO: **qua**. - SBAGLIATO: quà.
   CAUSA DELL'ERRORE: si commette l'errore di segnare l'accento sulla vocale *a* per analogia con la grafia del contrario *là*. Su *qua* l'accento non si segna perché non c'è la possibilità di confusione con omografi, mentre *là* potrebbe confondersi con l'articolo determinativo femminile *la*.

3. CORRETTO: **fa** (voce del verbo *fare*). - SBAGLIATO: fà.
   CAUSA DELL'ERRORE: si commette l'errore di segnare l'accento sulla vocale *a* per analogia con la grafia della forma verbale *dà*. Su *fa* l'accento non si segna perché non c'è la possibilità di confusione con omografi, mentre *dà* verbo potrebbe confondersi con *da* preposizione. In verità anche *fa* potrebbe essere il nome di una nota musicale; ma il sostantivo *fa* ha un uso così specifico da non poter essere confuso con quello del verbo.

4. CORRETTO: **do** (voce del verbo *dare*). - SBAGLIATO: dò.
CAUSA DELL'ERRORE: si commette l'errore di segnare l'accento sulla vocale *o* per analogia con la grafia *dà*, terza persona singolare dello stesso verbo *dare*. Su *do* l'accento non si segna perché non c'è la possibilità di confusione con omografi, mentre *dà* verbo potrebbe confondersi con *da* preposizione. In verità anche *do* potrebbe essere il nome di una nota musicale; ma il sostantivo *do* ha un uso così specifico da non poter essere confuso con quello del verbo.

5. CORRETTO: **trentatré**. - SBAGLIATO: trentatre.
CAUSA DELL'ERRORE: si commette l'errore di non segnare l'accento sulla *e* finale per analogia con la grafia del monosillabo *tre*, di cui il numerale *trentatré* è composto. Su *trentatré* l'accento ha la funzione di segnalare che la parola è tronca, vale a dire è accentata sull'ultima sillaba; questa necessità ovviamente non sussiste per il numerale *tre*, che è costituito da una sola sillaba.

6. CORRETTO: **eccezionale**. - SBAGLIATO: eccezzionale.
CAUSA DELL'ERRORE: si commette l'errore di scrivere l'aggettivo con due z perché la pronuncia della parola è con una z intensa /tts/. In italiano la z tra due vocali ha sempre una pronuncia intensa: questo suono intenso è rappresentato nella scrittura a volte con due z (*bellezza*, *pazzia*, ecc.), altre volte con una sola z (*azione*, *grazie*, ecc.). La z tra due vocali, quindi, si pronuncia sempre doppia, ma spesso si scrive scempia. Questa mancata corrispondenza tra i suoni e le lettere che li rappresentano può essere causa di incertezze e di dubbi: chi scrive **eccezzionale* commette un errore di ortografia, ma non fa che riprodurre la realtà fonetica, cioè la pronuncia.

7. CORRETTO: **avallare**. - SBAGLIATO: avvallare.
CAUSA DELL'ERRORE: si commette l'errore di scrivere il verbo con due *v* per analogia con la grafia di parole come *avvallamento*, *avvalorare*, *avvampare*. Queste parole sono formate da un prefisso e da un sostantivo: *a-* + *valle* ➔ *avvallamento*; *a-* + *valore* ➔ *avvalorare*; *a-* + *vampa* ➔ *avvampare*. In questi vocaboli il prefisso *a-* determina il raddoppiamento della consonante iniziale della parola a cui si unisce. Invece *avallare* non è formato con il prefisso *a-*, ma deriva da *avallo* 'garanzia', a sua volta dal francese *aval*.

8. CORRETTO: **pressoché**. - SBAGLIATO: pressocché.
CAUSA DELL'ERRORE: si commette l'errore di scrivere la parola con due *c* per analogia con la grafia di forme come *cosicché*, *macché*, nelle quali *così* e *ma* determinano il raddoppiamento della consonante iniziale del *che* a cui si uniscono: è il fenomeno del raddoppiamento fonosintattico, che viene rappresentato dalla scrittura soltanto quando due parole si scrivono unite. Ma *presso* non rientra tra le parole che determinano il raddoppiamento fonosintattico e quindi non provoca il rafforzamento della consonante iniziale del *che* successivo: di conseguenza la parola va scritta con una sola *c*. Il raddoppiamento fonosintattico avviene in tre casi fondamentali: 1) dopo tutti i monosillabi accentati (è, *dà*, *né*, ecc.) e dopo molti monosillabi non accentati (*a*, *che*, *chi*, *da*, *do*, *e*, *fa*, *fra*, *fu*, *ha*, *ho*, *ma*, *o*, *sa*, *se*, *tre*, *tu*, ecc.); per es.: *che fai?* /kefˈfai/; 2) dopo una parola di più sillabe accentata; per es.: *caffè lungo* /kafˈfɛlˈlungo/; 3) dopo le parole *come*, *dove*, *qualche*, *sopra*; per es.: *qualche cosa* /ˈkwalkekˈkɔsa/.

9. CORRETTO: **conoscenza**. - SBAGLIATO: conoscienza.
CAUSA DELL'ERRORE: si commette l'errore di inserire una *i* tra *sc* ed *e* per analogia con la grafia di forme come *scienza*, *coscienza*, nelle quali la presenza della *i* è dovuta all'influsso della grafia latina (SCIENTIA, CONSCIENTIA). In questi casi la *i* non corrisponde a nessun suono (come accade invece in *vino* o in *ieri*, in cui indica rispettivamente la *i* vocale e la *i* semiconsonante) e non serve nemmeno a segnalare la pronuncia palatale di *sc* (come accade invece in *sciopero* o *prosciutto*), perché la vocale *e* basta da sola a garantire il suono palatale della consonante precedente: questa *i* è un puro segno grafico, privo sia di valore fonetico sia di funzione diacritica; è una *i* "sovrabbondante", che in teoria non dovrebbe essere presente davanti a *e*, ma che invece è richiesta dalle norme ortografiche. Il fatto che non esista nessuna differenza di pronuncia tra *scie* e *sce* (ma anche tra *cie* e *ce*, tra *gie* e *ge*) è causa di dubbi di scrittura: si scrive *conoscenza*, *riconoscenza*, ma *scienza*, *coscienza*, anche se la pronuncia di *sce* e *scie* non cambia.

10. CORRETTO: **ingegnere**. - SBAGLIATO: ingegniere.
CAUSA DELL'ERRORE: si commette l'errore di inserire una *i* tra *gn* ed *e* per analogia con la grafia di forme come *biglietto* e *scienza*, in cui usiamo tre lettere (*gli* e *sci*) per rappresentare un unico suono: il trigramma *gli* rappresenta il suono di laterale palatale /ʎ/, il trigramma *sci* rappresenta il suono di sibilante palatale /ʃ/. Ma in italiano non esiste un trigramma *gni*; esiste invece un di-

gramma *gn* per rappresentare il suono di nasale palatale /ɲ/ che ritroviamo appunto in *ingegnere*. Nella parola *scienza* la *i* è un puro segno grafico ed è un'eredità della scrittura latina. Nella parola *biglietto* la *i* è un segno diacritico, cioè serve a indicare il suono palatale di *gl* davanti alla vocale *e*. Nella parola *ingegnere* il suono palatale è rappresentato dal digramma *gn*.

4 **Descrizione attività:** gli studenti correggono gli errori presenti nel testo scritto da uno studente marocchino.

Risposte:

1. *esistono sempre i negozi aperti* (riga 1) = **ci sono** sempre i negozi aperti / i negozi **sono** sempre aperti.
2. *nelle grande città* (riga 1) = nelle **grandi** città.
3. *sono aperto* (riga 2) = sono **aperti**.
4. *sopra tutto* (riga 2) = **soprattutto**.
5. *un altra cosa* (riga 3) = **un'altra** cosa.
6. *nelle grande città* (riga 3) = nelle **grandi** città.
7. *alla mattina* (riga 3) = **la** mattina.
8. *nelle piccola città* (riga 4) = nelle **piccole** città.
9. *esiste un grande mercato* (riga 4) = **c'è** un grande mercato.
10. *una volta alla sittimana* (riga 4) = una volta alla **settimana**.
11. *verdure, alimentare* (riga 5) = verdure, **alimentari**.
12. *macellai, abigliamente* (riga 5) = macellai, **abbigliamento**.
13. *negozi dove esiste di tutto* (riga 5) = negozi dove **c'è** di tutto.
14. *calze, pantalone* (riga 6) = calze, **pantaloni**.
15. *per i mucche* (riga 7) = per **le** mucche.
16. *i personi* (riga 8) = **le persone**.
17. *che vengo* (riga 8) = che **vengono**.
18. *dalla campagne* (riga 8) = **dalle** campagne / dalla **campagna**.
19. *Il Marocco famoso* (riga 9) = Il Marocco **è** famoso.
20. *va avanti grazie agli agricoltore* (riga 9) = va avanti grazie agli **agricoltori**.
21. e *gli levatore* (riga 9) = e **agli allevatori**.

Unità 4 pag. 149

1 **Descrizione attività:** gli studenti inseriscono nel testo i connettivi elencati e indicano la funzione di ogni connettivo.

Risposte:

La parabola della carota

Alla buona salute ci teniamo tutti, e nel passato, **quando** (*indica una circostanza temporale*) numerose erano le malattie, e le terapie erano scarse ci si raccomandava ai santi, implorandoli di intervenire per il nostro bene. Esistevano **anche** (*indica un nuovo dato*), per così dire, le specializzazioni. Non tutti i santi erano considerati di uguale competenza per combattere i diversi pericoli ai quali siamo esposti. C'era un santo (o forse una santa) particolarmente consigliabile per proteggere la vista; un altro santo competente in caso di fratture; e così via. Non sono in grado di fornire molti esempi; **ma** (*indica un contrasto*) credo che le specializzazioni fossero abbastanza minuziose e chiaramente ci si rivolgeva ai santi quando ci si ammalava, **affinché** (*indica uno scopo*) ci aiutassero a guarire, ma si chiedeva a loro anche un'azione preventiva, per evitarci la seccatura di ammalarci.

Non credo che l'usanza di impetrare le potenze celesti sia scomparsa a tutt'oggi; c'è sempre chi si rivolge a loro con ansiose preghiere. È però chiaro che oggi ci rivolgiamo ai santi meno che per il passato. Non siamo più sicuri che gli abitatori del cielo siano disposti a prendersi cura di noi; la religione non è scomparsa, ma ha cambiato natura, è meno specifica, meno dettagliata, più generica. Quante persone saprebbero ancora dire a bruciapelo oggidì, chi sia il protettore, o la protettrice degli occhi? O a chi convenga rivolgersi quando ci si rompe una gamba? Oggi siamo diventati scettici, le credenze di altri tempi sono considerate superstizioni. Alla salute, **comunque** (*indica un contrasto e una limitazione*), ci teniamo lo stesso e adesso ricorriamo ad altre protezioni. Il salutismo, se mi si passa il termine, è più diffuso che mai. Tutti i cibi dei quali ci nutriamo si dividono per esempio in due categorie: quelli che fanno bene e quelli che fanno male, quelli che allungano la vita e quelli che accelerano la fine. C'è **poi** (*indica un nuovo dato*) chi è convinto che l'abitudine di fare una passeggiata ogni mattina sia benefica, e **se** (*indica una condizione*) la passeggiata è compiuta a passo celere e in abito da ginnastica, diventando jogging, si suppone che sia più benefica ancora. Anche la bevuta giornaliera di alcuni litri d'acqua è considerata un fattore di prestanza fisica, e c'è chi fedelmente ne ingoia parecchi bicchieri al giorno. Per proteggere la vista ci si affida, invece che a una santa, alle carote. Il consumo di alcol, per non dire del fumo, è considerato dannoso, e ingenera in chi vi si abbandona un senso di colpa. C'è poi il problema delle calorie quotidiane, del peso e del sovrappeso, del sonno di cui si ha bisogno, dei raggi di sole che un tempo si credeva che facessero bene e ora sono considerati, ahimè, nocivi, quasi mortali...

Ho il sospetto che molte di queste precauzioni abbiano la stessa funzione, e la stessa efficacia, delle raccomandazioni ai santi di altri tempi; equivalgono agli amuleti di cui fanno uso da sempre tanti esseri umani. Ho il sospetto, **in altre parole** (*indica una spiegazione*), che siano anch'esse superstizioni **quindi** (*indica una conclusione*), le superstizioni dell'uomo moderno. **Perché** (*indica una causa*) in qualche cosa dobbiamo pur credere, e se abbiamo minor fiducia in Santa Lucia, ci affidiamo alla passeggiatina quotidiana o all'ingestione delle carote per ottenere lo stesso effetto. Poi si ammala chi deve ammalarsi, e sta sano chi ha la fortuna di stare sano. Ma questo è un altro discorso.

2 **Descrizione attività:** gli studenti rileggono il testo precedente e indicano a quale tipologia appartiene, quale sia il problema affrontato, quale sia la tesi espressa, quali siano gli argomenti a sostegno della tesi, quale sia la conclusione.

Risposte
(si suggeriscono alcune possibili soluzioni):

TIPO DI TESTO: Testo argomentativo.

PROBLEMA: La salute è un bene prezioso, che sta a cuore a tutti: che cosa facciamo per proteggerla?

TESI: In passato ci raccomandavamo ai santi perché ci aiutassero a guarire dalle malattie o a non ammalarci. Oggi ci rivolgiamo meno ai santi perché riteniamo che quelle credenze siano superstizioni. Tuttavia, alla salute ci teniamo ugualmente; ora, però, ricorriamo ad altre forme di protezione.

ARGOMENTI A SOSTEGNO DELLA TESI: La nostra attenzione verso la salute è dimostrata da una serie di fatti: molte persone sono diventate salutiste, dividono gli alimenti in cibi che fanno bene e cibi che fanno male, passeggiano di buon passo in tuta da ginnastica ogni mattina, bevono alcuni litri d'acqua al giorno, mangiano le carote per proteggere la vista, non bevono alcol, non fumano, stanno attente al peso e alla quantità di calorie che assumono ogni giorno, dedicano al sonno un certo numero di ore, non si espongono troppo al sole perché considerano nocivi i raggi solari.

CONCLUSIONE: Molte delle precauzioni che oggi prendiamo nei confronti della salute sono simili alle raccomandazioni che un tempo si rivolgevano ai santi: in passato imploravamo Santa Lucia di proteggere la nostra vista, ai giorni nostri ingeriamo un succo di carote per ottenere lo stesso effetto. Le preoccupazioni salutistiche sono le superstizioni dell'uomo moderno, che ha meno fiducia nella religione, ma ha pur sempre bisogno di credere in qualcosa.

3 **Descrizione attività:** gli studenti leggono il brano, tratto dalla raccolta di racconti di Leonardo Sciascia *Il mare colore del vino*, e indicano a quale tipologia appartiene, il luogo in cui si svolge la storia, i personaggi presenti nel racconto, la voce narrante, i tempi verbali della narrazione.

Risposte:

1. Testo narrativo.
2. La storia si svolge in Sicilia, tra Gela e Licata, su una spiaggia.
3. I personaggi del racconto sono alcuni emigranti in procinto di partire per l'America e il signor Melfa, organizzatore del viaggio.
4. La voce narrante è l'autore, che racconta la storia dall'esterno, usando la terza persona.
5. I tempi verbali della narrazione sono l'imperfetto indicativo (dalla riga 1 alla riga 34) e il passato remoto (dalla riga 34 alla riga 41).

4 **Descrizione attività:** gli studenti individuano nel brano le espressioni, i pronomi personali e gli aggettivi possessivi usati in sostituzione del nome del poeta Giacomo Leopardi.

Risposte:

Giacomo Leopardi nacque a Recanati il 29 giugno 1798 da una famiglia appartenente alla nobiltà dello Stato Pontificio. **Suo** padre era il conte Monaldo, un uomo che amava gli studi, ma che aveva idee reazionarie. **Sua** madre era la marchesa Adelaide Antici, una donna energica e legata alle convenzioni sociali. Questo contesto familiare fu motivo di sofferenza per **il giovane**, che non ricevette tutto l'affetto di cui aveva bisogno. La prima educazione **del poeta** fu opera di precettori ecclesiastici, così come quella dei due fratelli che subito **lo** seguirono, Carlo e Paolina, a cui **egli** fu sempre legato da grande affetto. Tra letture appassionate, giochi pieni di immaginazione, gare di erudizione, **il bambino** sviluppò ben presto un vivo culto degli eroi antichi, e già a dieci anni intraprendeva operette di vario genere. Gli anni tra il 1809 e il 1816 (che **lui** stesso indicherà come "sette anni di studio matto e disperatissimo") videro **l'adolescente** impegnato in un'attività incredibile che **gli** permise di acquisire una padronanza assoluta nel campo della filologia.

ESPRESSIONI:

- *il giovane* (riga 5);
- *del poeta* (riga 6);
- *il bambino* (riga 8);
- *l'adolescente* (riga 11).

PRONOMI PERSONALI:

- *lo seguirono* (riga 7);
- *egli* (riga 7);
- *lui* (riga 10);
- *gli permise* (riga 12).

AGGETTIVI POSSESSIVI:

- *suo padre* (riga 2);
- *sua madre* (riga 3).

Unità 5

pag. 152

1 **Descrizione attività:** gli studenti leggono la poesia di Eugenio Montale *Spesso il male di vivere ho incontrato* e individuano la struttura metrica, gli enjambements, l'anafora, le immagini che simboleggiano il male e il bene.

Risposte:

1. Struttura metrica: due quartine di endecasillabi, tranne l'ultimo verso che è di lunghezza maggiore; schema delle rime: ABBA, CDDA.
2. Enjambements: *foglia / riarsa* (vv. 3-4). *prodigio / che schiude* (vv. 5-6); *sonnolenza / del meriggio* (vv. 7-8).
3. Anafora: *era – era – era* (vv. 2-4).
4. Immagini che simboleggiano il male di vivere: il ruscello che si restringe e scorre più difficilmente, gorgogliando; l'accartocciarsi della foglia inaridita dalla calura; il cavallo sfinito dalle fatiche che crolla a terra pesantemente.
5. Immagini che simboleggiano il bene: la statua nel torpore del mezzogiorno; la nuvola sospesa nell'azzurro del cielo; il falco che vola alto nello spazio infinito.

La poesia si basa sulla contrapposizione tra i concetti universali di *male* (v. 1) e *bene* (v. 5) ed è costituita da un parallelismo tra le due strofe: a un'affermazione iniziale segue l'elencazione dei simboli che spiegano quell'affermazione. Nella prima quartina tutto ruota intorno alla parola *male*. Il poeta ha incontrato spesso il dolore causato dal solo fatto di vivere; questo dolore è presente in ogni aspetto della natura: nelle cose inanimate (il ruscello), nelle piante (la foglia), negli animali (il cavallo). I riferimenti al male di vivere appartengono a una dimensione bassa e terrestre dell'esistenza, mentre quelli relativi al bene (la statua, la nuvola, il falco) appaiono legati a una dimensione progressivamente alta dell'esistenza. Nella seconda quartina la parola chiave *bene* è posta all'inizio del verso: nella sua vita il poeta non ha mai conosciuto un bene più grande del miracolo che è creato dall'Indifferenza, parola che Montale scrive con la lettera maiuscola e a cui affianca l'aggettivo *divina* 'degna degli dei': unico rimedio nella vita è lo stato d'animo dell'Indifferenza, perché permette di guardare al male e alle difficoltà con impassibilità e distacco.

2 **Descrizione attività:** gli studenti leggono la poesia di Giuseppe Ungaretti *Sono una creatura* e rispondono alle domande.

Risposte:

1. La poesia è formata da tre strofe di varia lunghezza (la prima di 8 versi, le altre due di 3 versi) e presenta versi liberi, cioè versi che mancano di rima e che non seguono uno schema sillabico e ritmico prefissato. I versi liberi sono caratteristici della poesia contemporanea.
2. Tre sono le figure retoriche di cui il poeta si serve: la prima è la lunga similitudine che va dal v. 1 al v. 11; la seconda è l'anafora, che Ungaretti utilizza due volte, ripetendo *Come questa pietra* al v. 1 e al v. 9 e reiterando l'avverbio *così* all'inizio dei vv. 3-7 per introdurre gli aggettivi che qualificano la pietra del monte San Michele; la terza è il climax, costituito da aggettivi di intensità semantica crescente (*fredda, dura, prosciugata, refrattaria*) che culminano nel *totalmente disanimata* dei vv. 7-8.
3. *prosciugata* = arida, inaridita; *refrattaria* = sterile, priva di vegetazione; *disanimata* = inanimata, senza vita. I tre aggettivi esprimono tre caratteristiche della pietra, ma in realtà si riferiscono anche al poeta: la pietra è arida come gli occhi del poeta ormai senza lacrime; la pietra respinge ogni forma di vita come il poeta respinge ogni conforto; la pietra è totalmente senza vita come il dolore del poeta che non ha più lacrime per piangere. La lunga similitudine si svolge attraverso una serie di aggettivi di crescente intensità che culminano nelle parole *totalmente disanimata*, disposte in due versi a conclusione del primo termine di paragone.
4. Come la roccia del monte San Michele è arida e senza vita così il pianto del poeta stenta a trovare sfogo nelle lacrime. Il poeta paragona il suo stato d'animo desolato al paesaggio freddo e brullo in cui si svolge la guerra: di fronte a una simile tragedia il dolore è talmente forte che gli prosciuga anche le lacrime per piangere; è un dolore muto, intimo, chiuso dentro il cuore e perciò più intenso. In questi tre versi si chiude la similitudine iniziata al v. 1 e si chiarisce il secondo termine di paragone: il pianto pietrificato del poeta, che prelude al tema della morte dei versi seguenti.
5. La pace della morte si paga con le sofferenze della vita. Il poeta è una creatura, un essere vivente, che il dramma della guerra ha però trasformato in materia fredda e inanimata, tanto che la morte diventa quasi un privilegio, un premio che si conquista dopo aver pagato con le sofferenze patite durante la vita. Il tema conclusivo della morte è espresso in tre versi distaccati, che proprio dalla loro separazione ricavano un senso di maggiore tragicità.

3 **Descrizione attività:** gli studenti leggono i primi 30 versi del terzo canto dell'*Inferno* e rispondono alle domande.

Risposte:

1. Attraverso la porta si entra nell'Inferno.
2. Dio creò la porta.
3. Le espressioni che rappresentano l'Inferno sono: *città dolente, etterno dolore, perduta gente.*
4. Dante ha paura del significato delle parole scritte sulla porta dell'Inferno, le quali dicono che non c'è alcuna speranza di ritornare indietro sulla Terra una volta compiuto il viaggio nell'oltretomba.
5. Nei vv. 28-30 è presente la figura retorica della similitudine: il tumulto si aggira sempre in quell'atmosfera cupa, dove non c'è distinzione tra giorno e notte, come la sabbia quando è investita da un vento vorticoso.

4 **Descrizione attività:** gli studenti indicano le parole dell'italiano contemporaneo che corrispondono ai vocaboli arcaici elencati.

Risposte:

1. *podestate* (v. 5) = potestà, potenza, potere.
2. *fuor* (v. 7) = furono.
3. *ogne* (v. 9) = ogni.
4. *intrate* (v. 9) = entrate.
5. *elli* (v. 13) = egli.
6. *loco* (v. 16) = luogo.
7. *puose* (v. 19) = pose.
8. *quivi* (v. 22) = qui.
9. *aere* (v. 23) = aria.
10. *sanza* (v. 29) = senza.